Nikolaus Blome

Der kleine Wählerhasser

WAS POLITIKER WIRKLICH ÜBER DIE BÜRGER DENKEN

Pantheon

Verlagsgruppe Random House FSC-DEU-100
Das für dieses Buch verwendete FSC®-zertifizierte
Papier *Munken Pocket* liefert
Arctic Paper Munkedals AB, Schweden.

Der Pantheon Verlag ist ein Unternehmen der
Verlagsgruppe Random House GmbH.

Erste Auflage
Februar 2011

Umschlaggestaltung: Büro Jorge Schmidt, München,
unter Verwendung einer Karikatur von Cordula Röckenhaus
Satz: Ditta Ahmadi, Berlin
Druck und Bindung: GGP Media GmbH, Pößneck
Printed in Germany
ISBN: 978-3-570-55140-0

www.pantheon-verlag.de

Für Karola und
Julius, Titus, Kiara

Inhalt

Einleitung:
Blöd, beschränkt und undankbar?

Was die Politiker von den Wählern denken, prägt die Politik, die sie für die Wähler machen, und zwar viel stärker als die Persönlichkeit des Einzelnen oder das Programm seiner Partei. Zugegeben, irgendwie ahnte man das: Was jene, die den Vorteil aller Deutschen mehren sollen, von eben diesen Deutschen denken, ist nicht immer vorteilhaft. Aber darüber ließe sich ja reden: Was dem Volk nicht schmeichelt, muss nicht automatisch falsch sein. Damit ließe sich auch leben, wäre dieses Bild vom Bürger ein regelmäßig reflektiertes oder offen diskutiertes. Ist es aber nicht. Denn die allermeisten Spitzenpolitiker halten ihre Vorstellung vom Wähler vorm Wähler geheim. Für ihr Bild von der »schweigenden Mehrheit« gilt: Immer daran denken, niemals davon reden. Und weil sie nicht darüber reden, bleibt dieses Bild wie ein blinder Spiegel, wie ein Spiegel der Blinden. Das nährt die Politikverdrossenheit der Bürger (bekannt), aber eben auch die Bürgerverdrossenheit der Politiker (kaum bekannt): Die einen überlegen, ob sie überhaupt noch wählen wollen, und die anderen, warum sie überhaupt noch reden sollen. Frust ist überall. Er beruht auf Gegenseitigkeit. Das ist gefährlich.

Daran ändern auch viele Wahlen offenkundig nichts, weder im »Superwahljahr« 2009 noch im »Superwahljahr« 2011 mit weiteren sieben Landtags- und vier Kommunalwahlen. Dabei gelten Wahlkampfzeiten immer noch als die Momente größtmöglicher Nähe von Wählern und Gewählten. Wer nun sarkastisch schlussfolgert, dass ihrer beider Verhältnis umso mehr zerrüttet, je häufiger sich Bürger und Politiker nahe kommen, der muss erkennen: Auch ein weitgehend wahlfreies

Jahr wie 2010 hat den Graben nicht schrumpfen lassen. Überraschend, potenziell geradezu belebend, kam Ende 2009 zwar eine »kleine« Koalition ins Amt, was viele bei fünf Parteien im Bundestag nicht mehr zu hoffen gewagt hatten. Aber schon nach acht Monaten hatte die schwarz-gelbe Regierung ihre Mehrheit im Bundesrat eingebüßt, ohne sie zuvor in spürbarer Form genutzt zu haben. Keine der Wahlen 2011 kann daran etwas ändern. Stolperstart, Ernüchterung, mürrische Verdrossenheit – die Bürger sind es gründlich leid und lassen es die etablierten Parteien immer häufiger auch in kurzzeitig organisierter Form wissen, zum Beispiel beim Volksentscheid gegen die schwarz-grüne Schulpolitik in Hamburg oder beim bunt gescheckten Protest gegen das Bahnhofsgroßprojekt »Stuttgart 21« – wo Volk und Volksvertreter sogar eine regelrechte »Schlichtung« eingingen. Wutbürger war das Wort des Jahres 2010.

Dieser mehltauartige Frust bleibt auch von der schwersten Wirtschafts- und Finanzkrise der Nachkriegszeit weitgehend unberührt. Im Angesicht von taumelnden Banken und Staaten, von Märkten, die durchgehen wie Rinderherden bei Gewitter, ist Politik irgendwie zwar wieder »in«. Aber Politiker bleiben weiterhin »out«. Wie alle Umfragen zeigen, verstehen die Wähler ihre Politiker immer weniger, halten sie für unfähig, für ebenso ziel- wie zügellos. Immer öfter lehnen gut organisierte Gruppen zudem die eingeübten Verfahren der repräsentativen Demokratie ab, mit der Deutschland in den letzten Jahrzehnten so gut gefahren ist. Und viele applaudieren sogar, wenn ein Bundespräsident die Brocken hinschmeißt – und ziemlich deutlich die ach so garstige Medien- und Parteienkritik an seiner ungelenken Amtsführung dafür verantwortlich macht.

Kein Wunder, dass die Politiker reagieren: Sie ziehen sich trotzig in ihre Berliner und Brüsseler Wagenburgen zurück. Sie nennen, was um sie herum ist, in unbedachten Momenten den »vorpolitischen Raum«, so wie man früher »Wildnis« nannte, was sich von der Stadtmauer bis zum Horizont erstreckte. Und auf Horst Köhler folgte Christian Wulff, eben weil er ein jung gebliebener Profi ist und kein zart besaiteter Quereinsteiger.

Mitten im furiosen Wiederaufstieg aus dem wirtschaftlichen Krisentief ist die vorläufige Diagnose also niederschmetternd: beschädigtes Vertrauen, gestörte Verbindung, kein Anschluss unter dieser Nummer. Selbst zur Bundestagswahl gingen so wenige Wähler wie nie zuvor seit dem Zweiten Weltkrieg; drei von zehn Bürgern blieben daheim.

Was frustrierte Wähler (und Publizisten) über ihre Politiker denken und warum, weiß fast jeder. Ungezählt die Bücher, die sich – gern auch ziemlich billig – an dieser »Politik ohne Volk« abarbeiten. Was weitgehend fehlt, ist die Gegenfrage: Was denken die Gewählten von ihren Wählern? Stimmt es, dass immer mehr Politiker längst meinen, die große Mehrheit der Wähler in Deutschland sei ungerecht und ungebildet, denkfaul oder schlichtweg undankbar? Viel mehr als die Politikverdrossenheit der Bürger prägt diese Bürgerverdrossenheit der Politiker die deutsche Politik, ihre Ziele ebenso wie die Art, sie zu verfolgen: Entweder wird Politik gemacht für Deutsche, die es so *nicht gibt*, oder für Deutsche, die es besser so *nicht gäbe*. Entweder geht die Politik selber in die Irre, oder sie nimmt als gottgegeben hin, dass die Bürger irren, und lässt sie damit davonkommen.

Gleichwohl ist dies ist kein Buch *gegen* Politiker, sondern eines *über* Politiker. Das ist ein Unterschied – und zwar immer dann, wenn die Politiker zu Recht, zumindest aber mit guten Gründen am Wähler und seiner kollektiven Vernunft zweifeln. Und von diesen Momenten gibt es einige, warten Sie nur ab.

Zwei Beispiele vorweg. Erstens: Aus Angst vor der Wut der Rentner erhöhte die Regierung 2008 willfährig die gesetzlichen Altersbezüge und garantierte 2009 sogar, dass die Rente, Krise hin oder her, in Zukunft nie mehr sinken werde. Diese Garantie griff zum ersten Mal im Jahr 2010 und würde auch 2011 die Renten vom Absinken der realen Durchschnittslöhne abkoppeln. Mit diesem Manöver trennte sich die Regierung endgültig von der seit 1957 geltenden Rentenformel, vom letzten Generationenvertrag für nachhaltige Politik in Deutschland – und das aufgrund eines Zerrbilds. Denn in Wahrheit sind viele Rentner zum tagtäglichen Verzicht für die Jüngeren bereit. Gerade in der Krise teilten sie die Sorgen und Fragen der Jüngeren, und in Umfragen hält die Hälfte der Deutschen die Rentengarantie für ungerecht, auch diejenigen in den oberen Altersegmenten. Kurzum: Erst werden »die Rentner« falsch eingeschätzt, und daraus abgeleitet wird dann falsche Politik für alle gemacht.

Zweites Beispiel: Weil sich die Deutschen nachweislich immer weniger für Tagespolitik interessieren und immer weniger davon verstehen, machen sich auch immer weniger Politiker die Mühe, ihre Politik in der Sache zu erklären. Beileibe nicht nur niederschmetternd blutarme Wahlkämpfe führen das vor; bezeichnend ist auch der Bürgerprotest gegen »Stuttgart 21«: Mehr als ein Jahrzehnt, während aller Beschlüsse und Planungen, blieb er vergleichsweise überschaubar. Zum Massensturm kam es erst, als Bagger und Baumsägen tatsächlich zu Werke gingen, derweil die regierenden Politiker dachten, sie hätten die schläfrigen Bürger mit Erklärungen längst genug gelangweilt.

In der Regel richten sich Politiker aller Parteien nämlich mit dem Desinteresse der Bürger ein, lassen den Deutschen ihre billig-bequeme, europaweit unerreichte Politikverdrossenheit einfach durchgehen. Denn: Abgesehen davon, dass sie ein, zwei Tage Krokodilstränen wegen der niedrigen Wahlbeteiligung vergießen, bleibt ihre Arbeit ja unbehelligt. Die Logik darin ist (leider) bestechend: Die Deutschen trauen den Politikern immer weniger zu, erwarten von ihnen aber die Lösung immer größerer Probleme. Deshalb muss ja in jedem Fall regiert werden, ganz gleich, wie viele Bürger zur Wahl gingen. Mit so wenigen Stimmen wie seit 1949 nicht reichte es für CDU/CSU und FDP zu ihrer schwarz-gelben Wunschkoalition. Und sie hatten dabei mit Recht so gut wie keine Skrupel wegen der niedrigen Wahlbeteiligung. Mehrheit ist Mehrheit. Nämlich die der Sitze im Parlament.

Es ist an der Zeit, dieser Denke auf den Grund zu gehen. In den Menschenbildern der offiziellen Parteiprogramme spiegelt sie sich kaum wider. Wenn die SPD darin um Begriffe wie Emanzipation und Teilhabe kreist oder die CDU von christlich-konservativen Werten spricht, dann sagt das einiges über den eigenen Markenkern – und fast nichts über die eigenen Vorstellungen von der real existierenden Wählerschaft im Land. Wie findige Verkäufer aber denken Politiker dieser Republik unablässig über »die Menschen draußen im Land« nach, über König Kunde eben: Warum sagt er auf ein und dieselbe Frage mal ja und dann wieder nein? Kann er nicht verstehen, wie Politik funktioniert, oder will er nicht? Ist der Wähler einfach blöd, beschränkt und undankbar? Verunsichert, im Herzen reformfeige und zur Freiheit nicht fähig? Ist er wirklich verführbar und himmelschreiend naiv? Oder ist das Volk, wie es immer neu in Gruppen und Grüppchen zerfällt, einfach nur »der große Lümmel«?

Die wichtigste Frau der deutschen Politik jedenfalls, Angela Merkel, hat in den letzten zehn Jahren ihr Bild vom Wähler befeilt, nachjustiert, neu gefasst und kann sich trotz vieler Umfragtiefs gute Chancen ausrechnen, über 2013 hinaus Kanzlerin zu sein. Dabei spielt es kaum eine Rolle, ob Kanzlerin, Kabinett und all' die übrigen maßgeblichen Politiker sich ihren Eindruck vom Bürger aus den Medien und der Demoskopie zusammensetzen, also aus zweiter Hand, oder ob sie dies überwiegend aus eigener Anschauung, Kontakten und Erfahrungen tun. Es mag offen bleiben, welcher der beiden Wege »objektiver« zu nennen wäre, falls es überhaupt so etwas wie Objektivität geben kann, wenn die wenigen Gewählten ihre circa 60 Millionen Wähler in den Blick nehmen. Am Ende entsteht, so oder so, ein Bild, das gegen kurzfristige Stimmungsschwünge in der Bevölkerung weitgehend resistent ist, das sich von Partei zu Partei erstaunlich wenig unterscheidet – aber nie, nie öffentlich verhandelt wird.

Dieses Buch bezieht sich auf Bundespolitiker der etablierten Parteien. Vertreter von Regierungs- und »Volksparteien« spielen dabei naturgemäß eine größere Rolle, weil sie wegen dieses Anspruchs vermutlich (noch) mehr als die Grünen oder Vertreter der Linkspartei über die Deutschen insgesamt nachdenken, nachdenken müssen. Hier versammelt sind Szenen und Gespräche, die sich im Laufe mehrerer Jahre zugetragen haben. Bei ganz vielen Begegnungen mit Politikern unterschiedlicher Parteien war und ist massive Bürgerverdrossenheit zu spüren. Das Phänomen ist weit verbreitet. Umso erstaunlicher, dass darüber meines Wissens nach nie eine zusammenhängende Darstellung erschienen ist.

Nur in der Kölner »Stunksitzung« durfte das Publikum schon einmal tief in ein Politikerherz blicken: In den Jahren 2005 und 2006 trat der Kabarettist Bruno Schmitz mit einer ebenso kurzen wie umjubelten Nummer auf und ließ den – frei erfundenen – SPD-Politiker Peter Holzmeier reden, fluchen, schwadronieren. Kostprobe: »Und wenn ich das schon höre: Wir sind das Volk! Wir sind das Volk! Da krieg ich die Krätze. Ja klar seid ihr das Volk. Aber wir sind die Regierung! Und wir hätten auch lieber ein Volk, das nicht so brunzdumm ist. Was war das erfolgreichste deutsche Buch der letzten Jahre? Die Biographie von Dieter Bohlen. Was war die erfolgreichste deutsche Platte? Die letzte von Dieter Bohlen. Und wer war in der Pisa-Studie hinter Bangladesch? Ihr. Ihr seid einfach doof wie 100 Hektar Mischwald. Ich bin hochausgebildet. Ich hab studiert. Und nur weil ihr mich drei Minuten wählt, soll ich mich von euch dafür vier Jahre anpissen lassen?«

Frei erfunden, gewiss. Aber gar nicht weit weg von der Wirklichkeit.

Was diese Wirklichkeit verändern könnte, ist paradoxerweise die schwerste Wirtschaftskrise seit 80 Jahren und wie Deutschland sie bis heute mit Bravour meistert. Die erschrockenen Bürger sollte es lehren, dass in Regierung und Parlament nicht nur selbstsüchtige Flachpfeifen umhertaumeln, sondern ernstzunehmende Sachwalter ihrer Interessen. Und die Politiker sollten viel mehr als bislang zur Kenntnis nehmen, dass sich die Deutschen seit Beginn dieses beispiellosen Wirtschaftseinbruchs so ganz und gar anders verhalten, als alle Parteien (und viele Medien) vorhergesagt haben. Monat um Monat wartete nicht nur die Linkspartei auf extreme Ausschläge von Volkes Stimmung vor allem in den Umfragen. Doch sie blieben aus, selbst dann noch, als nicht mehr nur die Banken ins Wanken gerieten, sondern ganze Staaten.

Die Deutschen wollen partout nicht wüten, sie wollen auch nicht panisch, hysterisch oder besonders larmoyant sein. Die Deutschen behalten bislang kühlen Kopf. Ein Rekordaufschwung, der mindestens bis ins Jahr 2011 tragen wird, ist ihr Lohn, weshalb man aus Politikermund inzwischen immer häufiger auch diesen Satz hören kann: »So kenne ich die Deutschen gar nicht.«

Soll heißen: Dieses Buch beginnt in Moll, aber es endet in Zuversicht.

»Die Menschen draußen im Land«

Voilà, da ist es, das ganze große Bild vom Bürger in einem Satz: Politiker machen Politik für »die Menschen draußen im Land«, weshalb diese in kaum einer Rede unerwähnt bleiben. Sie sind Ausgangs- und Endpunkt aller politischen Arbeit, was Spöttern den Schluss nahelegt, dass die, die sie tun, sich im Kreis drehen, immerfort herum um die »Menschen draußen im Land«.

So wie jeder aufrechte Gaullist »la France profonde«, die Tiefe Frankreichs, die Provinz, für das einzig wahre Frankreich hält, so haben auch viele deutsche Politiker eine solche Idee von ihrem Land. Weniger pathetisch, gewiss, aber eben doch eine Idee. »La France profonde«, das sind für deutsche Politiker »die Menschen draußen im Land«.

Aber wer sind die? Und wo ist eigentlich »draußen«? Zunächst sind die Menschen irgendwie immer zwei: einmal der Einzelne und einmal alle, das Ganze. Natürlich reden Politiker in ihren Heimatwahlkreisen viel mit einzelnen Männern, Frauen, Kindern, die Namen und Gesicht haben und gern von sich erzählen. Wenn sie nach ihrem schönsten Erfolgserlebnis gefragt werden, berichten viele Abgeordnete deshalb davon, wie sie einmal dem Wahlkreisbürger Mustermann bei der Lösung eines ganz persönlichen Problems geholfen haben.

Problem, Einsatz, Lösung, Erfolg, Dank – so hinreißend einfach kann Politik sein. Klar ist aber auch: »Man kann zu noch so vielen Festen gehen, man wird immer nur einem Prozent seiner Wähler begegnen«, wie die inzwischen zur Familienministerin aufgestiegene Jungpolitikerin Kristina Köhler, jetzt Schröder, dem Journalisten Thomas Leif vom Südwestrundfunk einmal erzählte. Und das bedeutet: Wenn sie politisch-strategisch arbeiten, zum Beispiel Gesetze machen, haben Politiker »die Menschen« im Blick, hilfsweise »die Leute«, »das Ganze« oder »das Land«. Das ist in Wahrheit stets nur ein anderes Wort für Gesellschaft, welche als Begriff aber ziemlich aus der Mode gekommen ist. »Die Menschen«, das ist in der Praxis zwar genauso weit weg wie Gesellschaft. Aber »die Menschen« oder in der Steigerung »nah bei den Menschen« (u. a. Kurt Beck) – das klingt einfach bodenständig und irgendwie besser. Und das wiederum ist wichtig für Politiker.

Wer sind nun »die Menschen«? Laut Statistischem Bundesamt finden sie sich tatsächlich draußen im Land: In Städten mit mehr als 500 000 Einwohnern leben nur 16 Prozent aller Menschen in Deutschland, 60 Prozent jedoch in Kommunen mit weniger als 50 000 Einwohnern. Also in der Provinz. Weshalb es in einer Hinsicht übrigens vollkommen egal war, ob die Bundesregierung nach Berlin gezogen ist oder nicht: In dieser schillernden Metropole (oder gar im Parlamentsviertel) findet sich nicht viel vom realen Leben der Mehrheitsdeutschen, das die Berlin-Befürworter glaubten, als problemgesättigte Folie für ihre Politik zu brauchen.

Bei den Deutschen draußen im Land klingelt der Wecker um 6.18 Uhr, und jeder Zweite dreht sich noch einmal um. Die Menschen draußen im Land sitzen im Schnitt 13 Stunden pro Woche vor dem Fernseher, nur ein Drittel dieser Zeit widmen sie einem Buch oder der Zeitung. Täglich verbrauchen sie 126 Liter Wasser. Die Männer heiraten mit 33, werden 77 und sprechen 16 000 Wörter pro Tag. Die Frauen heiraten mit 30 und werden 82. Sie kriegen ihr erstes Kind mit 31 und steigen 3796 Kilometer Treppen in ihrem Leben. Insgesamt verbraucht jeder, bis er stirbt, sieben Fernseher und zwölf PC. Die Deutschen verdienen im Durchschnitt 3000 Euro pro Monat (Vollzeitangestellte). 68 Prozent brauchen weniger als eine halbe Stunde zur Arbeit. Sie haben im Durchschnitt ein Kind, 42 Quadratmeter pro Kopf zum Wohnen (in Wohnungen), gehen 18 Mal im Jahr zum Arzt, telefonieren 37 Stunden mit dem Handy, essen 246 Äpfel und haben im Schnitt 138 Mal Sex im Jahr, wenn man diesbezüglichen Umfragen glauben mag. Sie besitzen rechnerisch ein Finanzvermögen von rund 200 000 Euro. Zwei von drei haben Angst vor Arbeitslosigkeit, Krankheit oder einem schmerzvollen Tod. Neun von zehn sind gesetzlich krankenversichert, annähernd hundert Prozent haben ein Handy, aber nur vier von zehn Abitur. Mehr als vier Fünftel halten sich für diszipliniert und pflichtbewußt, jeder zweite ist übergewichtig, rund 30 Prozent sind in einem Sportverein, derweil die Zahl der Chorsänger schrumpft. So viel aus dem Statistischen Jahrbuch und artverwandter Literatur.

»*Politik* ist *angewandte Liebe* zum Leben«, schrieb einst Hannah Arendt. Liebe zum Leben der Menschen; nicht nur SPD-Urgestein Franz Müntefering zitiert das gern. Aber Politiker führen naturgemäß ein ganz anderes Leben als die allermeisten der Bürger, die sie regieren, und auch die immer noch stattlichen Mitgliederscharen der eigenen Partei sind für sie keine Orientierungshilfe, weil im Vergleich zur Gesamtbevölkerung (viel) zu alt, zu männlich, zu gut gebildet, zu einkommensstark – selbst bei den »Volks«-Parteien. Folglich speist sich das Bild des Politikers vom Bürger zu größeren Teilen aus Umfragen, Statistiken sowie aus seinem Bauch und politischem Instinkt. Das mag man beklagen, aber eine realistische Aussicht, es zu ändern, besteht nicht, weshalb alles Jammern darüber wohlfeil ist. Man muss es einfach stehen lassen, wenn CDU-Generalsekretär Hermann Gröhe am

Rande eines Interviews von seiner Partei (und sich) sagt: »Wir wissen, wie die Leute ticken.«

Und weil dieses Bild vom Bürger das eines Durchschnittsdeutschen ist, erklärt sich plötzlich auch, warum fast alle deutschen Parteien auf dem einen oder anderen Weg in die Mitte streben, zum Durchschnitt. Die jeweilige Programmatik, das parteioffizielle Menschenbild also, sagt in diesem Zusammenhang vor allem etwas über die Ziele der jeweiligen Parteien. Darüber, welche Menschen in jenem Deutschland leben (würden), das sie für das erstrebenswerte halten. Über die Basis ihrer alltäglichen Arbeit dagegen sagt es nichts. Denn diese Basis sind die Menschen, die tatsächlich in Deutschland leben. Ein anderes Volk ist leider gerade nicht am Lager. Kurzum: Diese »Menschen draußen im Land« sind es also, die gewonnen, gezähmt oder umschmeichelt, beruhigt, angespornt oder gebremst werden müssen. Und das besonders in der Mitte, denn dort werden Wahlen in Deutschland nach wie vor gewonnen und verloren: Die großen politischen Wachwechsel in der Nachkriegszeit vollzogen sich, wenn ein politisches Lager dem anderen diese Mitte abgejagt hatte oder diese frustriert der Wahl fernblieb. Natürlich sehen die allermeisten Politiker, dass die Mitte schrumpft und zudem ein längst nicht mehr so sicher zu ortender Raum ist wie vor einigen Jahrzehnten noch. Nach ökonomischen Kriterien umfasste die Mitte der Gesellschaft in den 80er Jahren rund zwei Drittel der Bevölkerung; heute sind es noch gut 50 Prozent, sagen Soziologen.

Wenn also zum Beispiel die CDU die Mitte definiert als jene Bürger, »die zur Arbeit gehen, Steuern zahlen, Kinder erziehen«, dann schrumpft sie in dem Maße, wie die Zahl der Rentner wächst oder die Zahl der Mehrkindfamilien mit Trauschein abnimmt. Wenn die SPD wiederum bei ihren zentralen Begriffen Emanzipation und Partizipation stehen bleibt, wird ihr die Globalisierung zeigen, dass die älteste Partei Deutschlands inzwischen fast ein halbes Jahrhundert gedanklich hinterherhinkt. Und genau diese Globalisierung zieht auch dem offiziell viel individuelleren Menschenbild bei FDP und Grünen die Grenzen, weil immer mehr Bürger wieder stärkeren Zusammenhalt in der Gesellschaft wollen, statt als Einzelne dem fortwährenden Modernisierungsdruck standhalten zu müssen.

So klammern sich die Parteien an das Bild von der »schweigenden Mehrheit«, von der Mitte und dem Durchschnittsbürger, der sie bewohnt. Denn was bleibt ihnen anderes übrig? Politik ist nun einmal *res publica*, die Sache aller. Politik kann man nicht für den Einzelnen machen, auch wenn sie jeden Einzelnen betrifft. Politiker brauchen deshalb ein Bild vom Bürger vor Augen, das die Züge eines Einzelnen trägt, aber zugleich alle abbildet.

»Der Wähler is a Sau«

In Domme, einem malerischen Bergdorf in der Dordogne, im tiefsten, bürgerlichen Frankreich, wird an jedem 14. Juli ein mit Blumen geschmücktes Schild am Bürgermeisteramt angebracht, auf dem steht: »Honneur à nos élus!«. Ein offizieller Dank der Bürger: »Ehre unseren Gewählten!« Wer so ein Beispiel in Deutschland sucht, muss weit, weit zurückgehen in der Geschichte bis zu jenem Foto, das heute eine Ikone ist, Teil des kollektiven Gedächtnisses aller Deutschen. Es zeigt Bundeskanzler Konrad Adenauer und eine alte Frau, die ihm die Hand küsst. Sie presst ihre Lippen mit einer Kraft, die gar nicht zu so einer zierlichen Person zu passen scheint, auf Adenauers Hand, die der Alte nicht mehr zurückzuziehen weiß. Es ist die Mutter eines Spätheimkehrers aus russischer Gefangenschaft, und Adenauer hatte diese Männer heimgeholt, zehn Jahre nach dem Ende des Zweiten Weltkrieges. Die Botschaft des Bildes ist ganz allein eine: Dankbarkeit. Nicht vorzustellen, dass diese Frau jemals danach einen anderen Politiker gewählt haben könnte als Konrad Adenauer.

Dankbarkeit. Lange her.

»Dankbarkeit ist keine Kategorie in der Politik«, sagen Politiker quer durch alle Parteien. In erster Line denken sie dabei natürlich an ihresgleichen: an Parteifreunde, die sich als Konkurrenten entpuppen, an Regierungschefs, die verdiente, aber strauchelnde Minister fallen lassen. Sie sagen es mit einer Mischung aus Zynismus und Mitleid heischender Schicksalsergebenheit. Aber viele Politiker sagen es mindestens so grimmig auch über ihre Wähler. Das bayerische SPD-Urgestein

Ludwig Stiegler, so berichten Parteifreunde, hat einmal – halb im Scherz, halb im Ernst – gesagt: »Der Wähler is a Sau!«

Tatsache ist: In keinem anderen Land in der Europäischen Union haben Politiker einen so verheerend schlechten Ruf wie in Deutschland. Faul, korrupt und machtbesessen – ein dickes Bündel von Vorurteilen wird ihnen täglich neu um die Ohren gehauen. Hohn und Spott erntet dagegen, wer auf ihre 80-Stunden-Arbeitswochen, auf die im Vergleich zur freien Wirtschaft eher mittelmäßige Bezahlung oder die totale Verfügbarkeit und Öffentlichkeit des Politikerlebens hinweist. »Die sollen sich nicht so haben«, schallt es dann empört zurück, und zwar gleichermaßen von der Champagnerbar im Fünf-Sterne-Hotel wie von der Stehtheke der Bockwurstbude. Deutschland mag zwischen Arm und Reich zusehends klarer geteilt sein – doch die Politiker sind überall unten durch. »Man lernt als junger Abgeordneter ganz schnell, wie viel man schlucken muss«, erzählt der SPD-Abgeordnete Hans-Peter Bartels, »und irgendwann kommt der Punkt, wo man nicht mehr schlucken will.« Einer der wenigen, die nicht mehr schlucken wollen, ist Dieter Wiefelspütz (SPD). In manchen seiner vielen Antworten auf Bürgerfragen im Internetportal *abgeordnetenwatch.de* schießt er gegen »Gaga-Fragen« und Beleidigungen: »Warum soll ich mich mit solchem Blödsinn auseinandersetzen? Ersparen Sie mir weitere Fragen. Mit gerade noch freundlichen Grüßen …«

Kurzum: Undankbare, unfaire Wähler – und die Politiker sind längst dabei, sich einen Reim darauf zu machen, was das für sie bedeutet, für Strategie wie für Alltagsgeschäft.

Dabei gehört Dankbarkeit auf den ersten Blick tatsächlich nicht in den Kanon gebräuchlicher Politbegriffe. Die *Bunte* versuchte sich im Bundestagswahlkampf 2009 an einem Interview mit Kanzlerin Angela Merkel, das ausschließlich um »Dankbarkeit« kreiste. Die Scheu Merkels bei den Antworten war mit Händen zu greifen. Dennoch ist das Phänomen, besser: der Mechanismus, namens Dankbarkeit für den politischen Betrieb außerordentlich relevant, zwar nicht das Emotionale und Zwischenmenschliche daran, wohl aber das Rationale. Es ist das Reiz-Reaktionsschema von Leistung und Lob, das für die Politik zählt. Die Abfolge von erstens Handeln, zweitens Ergebnis und drittens Legitimation; die verlässliche Abfolge, wonach befriedigte Bedürfnisse und gelöste Probleme Vertrauen und Zustimmung erzeugen.

In Deutschland ist dieser Zusammenhang gefährlich gelockert. Das verändert die Politik, weil es das Bild der Politiker vom Bürger neu prägt. Für die Frau, die Adenauers Hand küsste, wird andere und anders Politik gemacht als für Wähler, die als sprunghaft, »undankbar« oder unfair gelten. Der Langzeitabgeordnete Wolfgang Bosbach (CDU) sagt es so: »Es gibt keine Dankeschön-Wahlkämpfe mehr, sondern nur Bitteschön-Wahlkämpfe.« Und der Sozialdemokrat Joachim Poss sagt: »Ergebnisse sind nicht mehr so entscheidend wie früher.«

Dabei gründete die ganze Bundesrepublik doch auf dieser Idee: Wirtschaftlicher Erfolg in der Demokratie schafft Zustimmung zur Demokratie. Wirtschaftlicher Erfolg überzeugt die Deutschen nach Weimarer »Chaos«, nach Nazi-Jahren und Krieg vom parlamentarischen System, von freier Marktwirtschaft und Pluralismus. Beginnend mit dem »Wirtschaftswunder« Ludwig Erhards nährte der »Wohlstand für alle« die Zustimmung aller zum »rheinischen Kapitalismus« und zur »Bonner Republik« gleichermaßen. Ludwig Erhard selbst warnte allerdings schon in den 50er und 60er Jahren davor, den Zusammenhang zu eng werden zu lassen. Denn die Sache hat einen Haken: Keine politische Ordnung sollte allein auf das Versprechen ewigen Wirtschaftswachstums gründen, weil es ewiges Wirtschaftwachstum nicht gibt. Wer volle Kassen zum einzigen Argument für Demokratie und Marktwirtschaft macht, hat keines mehr, wenn die Kassen einmal leer sind. Der Sozialwissenschaftler Meinhard Miegel schreibt dazu: »Die Politik hat nach Kräften zu dieser Sicht der Dinge beigetragen. Es vergeht kaum ein Tag, an dem nicht Wirtschaftswachstum und materielle Wohlstandsmehrung als der eigentliche Seinsgrund dieser Gesellschaft beschworen werden. (...) ›Ohne Wachstum‹, so heißt es in einer programmatischen Schrift der CDU in unüberbietbarer Eindeutigkeit, ›ist alles nichts‹.« Das findet sich in der Programmatik der Sozialdemokraten zwar ähnlich, aber das C in CDU steht nun einmal für Christlich. Nicht für Cash.

Heute setzen Oskar Lafontaine und seine Linkspartei mit ihrer politischen Gleichung noch eins drauf – und fast keiner widerspricht. Gerade einmal zwei Zwischenrufe (von CDU/CSU und Grünen) registriert das Plenarprotokoll vom 15. Oktober 2008, als Lafontaine im Bundestag mit der These von der Demokratie nach Kassenlage zum ersten Mal Wasser auf seine Mühlen zu lenken sucht. Lafontaine wörtlich: »Demokratie heißt nun einmal eine Gesellschaftsordnung, in der die Entscheidungen so getroffen werden, dass sich die Interessen der Mehrheit durchsetzen. Das ist das Verständnis von Demokratie. Eine Hartz-IV-Demokratie, eine Rentenkürzungs-Demokratie und eine Demokratie mit fallender Lohnquote gibt es nicht; sie ist ein Widerspruch in sich. (...) Demokratie gibt es erst dann wieder, (...) wenn das Volk nicht erleben muss, dass auf der einen Seite Hunderte von Milliarden für die ›Bankster‹ ausgegeben werden, auf der anderen Seite kein Geld für Hartz-IV-Empfänger, für Rentner und für Lohnempfänger da ist. Das ist nicht Demokratie.« Steiler geht nicht.

Paradoxerweise ist es dieser Maximalismus, der den Zusammenhang zwischen wirtschaftlichem Erfolg und politi-

scher Zustimmung respektive Dankbarkeit endgültig zerrüttet: Die Politikverdrossenheit der Deutschen ist inzwischen
komplett immun gegen wirtschaftliche Erfolgsmeldungen.
Anfang 2011 erweist sich Deutschland als erfolgreicher als jedes andere Land in Europa und Amerika, lag die Arbeits-
losenquote auf dem niedrigsten Stand seit der Wiedervereinigung, brummten Export und Binnenkonjunktur, und die
Regierung machte sich sogar daran, die Rekorddefizite in den
öffentlichen Kassen wieder zu senken. Allein: Auf Anerken-
nung oder gar Dankbarkeit seitens des Wahlvolkes durfte die
Regierung (und mit ihr die gesamte Politikerzunft) nicht hoffen. Brutal werden die Regierungsparteien Union und FDP in
den Umfragen abgestraft; die SPD steckt weiter tief im Keller,
obwohl auch sie als Regierungspartei bis Ende 2009 einen ge-
hörigen Anteil am Erfolg hat. Ein dauerhafter Höhenflug in
den Umfragen gelingt allein den Grünen – eben jener Partei,
die neben der Linkspartei die einzige ist, die seit 2005 nicht
mehr im Bund regiert hat. »Wer regiert, verliert«, heißt das
bittere Fazit vieler Abgeordneter. Den Politikern insgesamt
geben jüngsten Studien zufolge 83 Prozent der Bürger die
Schulnoten Vier, Fünf oder Sechs.

Auch die Zufriedenheit der Deutschen mit ihren sozialen
Sicherungssystemen liegt laut jüngsten Zahlen so niedrig wie
in den letzten 25 Jahren nicht. Im neuesten Datenreport des
Wissenschaftszentrums Berlin für Sozialforschung (WZB)
kommt Mitherausgeber Heinz-Herbert Noll zu dem Schluss:
»Die Unzufriedenheit mit der aktuellen Situation resultiert
nicht zuletzt aus den hohen Erwartungen der Bürger an den
Sozialstaat.« Interessiert es da überhaupt noch jemanden,
dass sich unter dem »Hartz-Regime« die Sozialausgaben
nicht vermindert haben, sondern dass sie mit rund 50 Milliarden Euro jährlich um 30 Prozent über dem Niveau von 2004
liegen? Dass sich der Anteil der Sozialausgaben im Bundes-

etat von 16 Prozent (1980) auf 45 Prozent (2010) nahezu ver-
dreifacht hat? Oder dass der neue Niedriglohnsektor zwar
kein Schlaraffenland ist, aber die gestiegene Zahl von »Auf-
stockern« (Lohn plus Hartz IV) herzlich wenig mit grassie-
render Niedriglöhnerei zu tun hat, sondern vor allem damit,
dass die Betroffenen aus ganz individuellen Gründen nur
ein paar Stunden pro Woche arbeiten können? Inzwischen
bestreitet auf der anderen Seite mehr als einer von drei Deutschen seinen Lebensunterhalt zum Teil mit staatlichen Transfers wie Arbeitslosengeld II, Wohngeld, BaföG, Altersgrund-
sicherung, Arbeitslosengeld. 1980 waren es 15,7 Prozent. Und
dass zuletzt 13 Prozent der deutschen Bevölkerung ausschließlich dank dieser Transfers ein sehr bescheidenes, gleichwohl
anständiges Leben führen können, gilt nicht als erfreulicher
Beweis der Funktionsfähigkeit des Sozialstaats, sondern als
sein Versagen. Eine Prognose ist deshalb schnell gewagt (weil
sie in Wahrheit gar nicht gewagt ist): Wenn Hartz IV, Rente
und Wohngeld tatsächlich verdoppelt würden, von heute auf
morgen – es würde an der politischen Grundverdrossenheit
nicht viel ändern. Dankbar wäre niemand, noch nicht einmal
die Begünstigten. Und genau das ist das Problem.

Politik ist meist ziemlich einfach gestrickt, weshalb die
wichtigen Maschen nicht reißen dürfen. Für eine davon hat
Helmut Kohl unsterblich schlichte Worte gefunden: »Entscheidend ist, was hinten raus kommt.« Soll heißen: Politik
und die Probleme, die sie lösen soll, sind derart multikausal
und subjektiv, dass Politik weit mehr von »trial and error« hat
als von »Kochen nach Rezept«. Bestimmte Rezepte (Pro-
gramme) mögen eine bessere Aussicht auf den offiziell ange-
strebten Erfolg bieten als andere, aber was ist Erfolg? Vollbeschäftigung für die einen, Mindestlohn für die anderen. Mehr
Abiturienten für die einen, schwierigere Prüfungen für die
anderen. Es gibt nun einmal keinen »politischen Urmeter«,

keine einzig richtige, allseits erkannte Lösung für ein bestimmtes politisches Problem, so dass nur noch um den richtigen Weg dahin zu streiten bleibt. Doch in der Vergangenheit war objektiv erfolgreiche Politik in Deutschland in aller Regel wenigstens hinterher zu erkennen, nach einer gewissen Zeit im postpolitischen Abklingbecken, nach einer gewissen Zeit der geglückten Bewährung in der Praxis. Das galt für die Soziale Marktwirtschaft, gegen die es immerhin den ersten und einzigen Generalstreik in der Nachkriegsgeschichte gab. Das galt für Westbindung, Entspannungs- und Ostpolitik, auch für den Euro. Aber es gilt nicht mehr. Das ist das Neue.

Es gilt vor allem nicht für die Agenda 2010, die spätestens im Jahr 2007 ihren Erfolg unter Beweis gestellt hat. Und es gilt natürlich erst recht nicht für eine schwarz-gelbe Bundesregierung, deren Vertreter Anfang 2011 seufzen: »Die Lage ist viel besser als die Stimmung. Wann kapieren das die Leute endlich?« Was immer mächtiger Land und Leute beherrscht, ist ein »Gesamtkunstwerk aus Mangeleinbildungen« (Peter Sloterdijk).

Bei aller Kritik an manchem Detail sieht die mit Zahlen objektiv belegbare Bilanz nach sechs Jahren Hartz-Gesetzen sehr, sehr gut aus – und wird auch von CDU/CSU vollauf gewürdigt: Dank der Agenda-Reformen schrumpfte der Sockel von Langzeitarbeitslosen erstmals in einem Boom und war nicht wie all' die Jahrzehnte zuvor gleich geblieben oder gewachsen. Der letzte Aufschwung schaffte weit mehr neue Stellen als frühere Aufschwungphasen, obwohl die jeweiligen Wachstumsraten annähernd gleich hoch waren. Wer arbeitslos wurde, fand doppelt so schnell wieder einen neuen Job als vor Hartz. Die Jugendarbeitslosigkeit ist auf ein historisches Tief gesunken, und die Kurve machte ihren dramatischen Knick nach unten, als die Hartz-Gesetze in Kraft traten. Insgesamt entstanden im letzten Aufschwung 1,5 Millionen neue

Stellen – und sie verschwanden im Finanzkrisenabschwung bei weitem nicht in dem Maße wie in früheren Konjunkturzyklen. *Stern*-Autor Ulrich Jörges sprach Unions- wie SPD-Politikern 2008 und 2010 in zwei sehr ähnlichen Beiträgen aus dem Herzen. Einmal: »Ein sozial hysterisiertes Volk sieht die Gläser nur noch halb leer statt halb voll, die Erfolge sozialdemokratischer Reformpolitik als Fehlschläge in Serie.« Und zwei Jahre später: »Das Ende des Jammers ist freilich nicht das Ende des Jammerns. (…) Bloß: Wer sagt das alles dem Volk?«

Und nun? In den Wahlkämpfen 2009 und 2010 konnte man gerade die pragmatisch orientierten SPD-Kandidate, die »Netzwerker« und »Seeheimer« um Johannes Kahrs, Klaas Hübner oder Christian Lange seufzen hören: »Wir haben uns für die Agenda 2010 und Hartz IV öffentlich verprügeln lassen, aber als sie endlich Wunder wirkte, hatten die Leute längst vergessen, dass sie von der SPD stammte. Dass sie überhaupt von Politikern gemacht war.« Daraus sprach schon vor der Bundestagswahl viel Wut, bei der Klaas Hübner sein Bundestagsmandat verlor, derweil Kahrs und Lange beim Macht- und Kurswechsel der schwer erschütterten Nachwahl-SPD um ihren Einfluss kämpfen müssen.

Den Parteien und Politikern steht neben Ärger noch etwas anderes auf die Stirn geschrieben – Angst: Was bedeutet es grundsätzlich für Politik, sich in einer immer komplizierteren Welt noch nicht einmal auf die (Kommunikations-)Kraft des post factum verlassen zu können, auf den Beweis durch zählbaren, messbaren Erfolg? Erst recht wächst diese Angst in (und nach) der Krise. Trotz der größten Konjunkturprogramme der deutschen Nachkriegsgeschichte, trotz einer nie dagewesenen Garantieerklärung für alle Sparguthaben in Deutschland, trotz Abwrackprämie und Kurzarbeiterregelung wussten die Regierenden zweierlei schon vorab: Dank würden sie nicht erwarten dürfen. Niemals würden sie »beweisen« können, dass es ohne diese Kraftakte viel schlimmer gekommen wäre.

Und die Politik nimmt das wahr. Exemplarisch für viele brach sich der Frust beim damaligen SPD-Finanzminister Peer Steinbrück Bahn. Am Rande eines aufreibenden G-20-Treffens in Washington Ende 2008 sperrte er sich gegen die damaligen Forderungen nach einem weiteren Konjunkturpaket (das später dann doch kam). Steinbrück im O-Ton: »Wir haben schon 30 Milliarden Euro mobilisiert. Davon redet keine Sau mehr. Wo ist denn das Kurzzeitgedächtnis der Leute?« Wenige Wochen später kapitulierte er, nicht zuletzt vor dem Druck der kurzzeitgedächtnislosen Deutschen. Das zweite Konjunkturprogramm wurde beschlossen. In der zweiten Hälfte des Jahres 2010 schien der Frust der Regierenden erst recht mit Händen zu greifen. O-Ton des lang gedienten saarländischen Ministerpräsidenten Peter Müller (CDU): »Eigentlich haben wir doch tolle Ergebnisse, aber die Leute sind trotzdem unzufrieden. Sie übertragen die Leistungen der Politik nicht auf ihre individuelle Lage.« Im Klartext: Sie sind undankbar. Wenn's schlecht läuft, ist die Politik schuld. Wenn's gut läuft, hat es an der Politik bestimmt nicht gelegen.

Angela Merkel, aber keineswegs nur sie, hat sich ihren Reim inzwischen gemacht. Ganz Wissenschaftlerin, die sie ist, denkt sie darüber nach, was an ihrer Laboranordnung namens Politik verändert werden muss, damit die Probanden-Wähler wieder vorhersagbar reagieren – böse ausgedrückt: funktionieren. Aufmerksam hat sie verfolgt, wie sehr die Wirtschaftswissenschaften ihre alte Grundannahme vom *homo oeconomicus* inzwischen relativiert haben und wie mit der sogenannten Verhaltensökonomik (behavioral economics) psychologische – man könnte auch sagen: politische – Erklär-

29

muster Einzug gehalten haben, wonach die Menschen komplexe Probleme ihres Alltags eben nicht allein rational und aufwändig zu durchdringen suchen, sondern entlang einfacher Lebens- oder Faustregeln, gleichsam aus dem Bauch heraus. »Erwartungsmanagement« heißt Merkels Antwort. »Erwartungsmanagement« prägt ihre Politik der »kleinen Schritte«, ihr Tiefstapeln nach der Maxime: Wenn's am Ende schneller und besser kommt, als der Bürger erwartet, ist es kein peinlicher Prognose-Irrtum der Regierung, sondern das Glück des Tüchtigen. Mit dem Versuch, »auf Kante zu nähen«, den Bürger mit *Best-case*-Annahmen für den eingeschlagenen Kurs zu gewinnen, war ihr Vorgänger gescheitert. Am Ende nahm die Mehrheit der Deutschen Gerhard Schröder nichts mehr ab: Wer einmal lügt, dem glaubt man nicht.

Aber das Merkelsche »Erwartungsmanagement« bedeutet in Wahrheit nichts anderes, als die Bürger für eine Rasselbande von Kleinkindern zu halten – ohne Gedächtnis, ohne Ratio, vorwiegend dem Moment lebend und allzu oft unreflektiert. Beispiel Konjunkturpaket II, Anfang des Jahres 2009: Nachdem in nächtlichen Beschlüssen ein Gesamtvolumen von 50 Milliarden Euro verabschiedet worden war, versuchte der damalige Kanzleramtsminister Thomas de Maizière tags darauf einer ausgewählten Gruppe von Journalisten die innere Logik des Paketes nahezubringen. Die ging so: Entgegen allen bis kurz zuvor noch verbreiteten Beteuerungen, kein zweites Programm aufzulegen, bevor das erste Wirkung gezeigt habe, müsse ein neues Programm *überhaupt* beschlossen werden, weil die Bürger das erste Konjunkturpaket längst vergessen hätten. Weil sie nicht länger akzeptierten, dass (vermeintlich) »nichts« getan werde. *Jetzt* beschlossen werden müsse das Programm, weil US-Präsident Barack Obama am 20. Januar 2009 ins Amt komme und Kontakte der Bundesregierung zu seinen Beratern ergeben hätten, dass Obama unmittelbar nach seiner Amtseinführung ein 825 Milliarden Dollar schweres Konjunkturprogramm verkünden werde. Wäre die Bundesregierung erst dann mit ihren 50 Milliarden »hinterhergekleckert«, hätte das größte Konjunkturpaket seit dem Zweiten Weltkrieg (samt Rekordverschuldung) plötzlich vergleichsweise mickrig ausgesehen. Mickriger jedenfalls als bei umgekehrter Reihenfolge.

Zugegeben, Psychologie gehört mehr denn je zur Wirtschaftspolitik, zumal in einer Krise, die so tief war, dass Massenpanik zum ersten Mal seit 80 Jahren eine ernstzunehmende Bedrohung für Märkte und Mächtige wurde. Aber die eigentliche Lehre aus dem Wortgedrechsel um das zweite Konjunkturpaket der Regierung Merkel heißt: Die Spitze der großen Koalition fürchtete sich so sehr vor einem Vergleich von Äpfeln und Birnen, hatte so wenig Zutrauen in ein entsprechendes Einsehen der Medien und Bürger, dass sie sich lieber den Zeitpunkt der größten Einzelentscheidung der gesamten vergangenen Legislaturperiode von außen diktieren ließ – durch den Terminzufall, dass US-Präsidenten nun einmal Ende Januar ins Amt kommen.

Ebenso war das ganze Jahr 2010, das zweite Krisenjahr, mit Erwartungsmanagement imprägniert. Die Regierungskoalition wurde nicht müde zu erklären, dass die Wirtschaftskrise längst nicht überwunden sei – und lässt sich bis heute diesen Zweckpessimismus Monat für Monat gern von den positiven Zahlen aus der Wirtschaft widerlegen. Unter ständiger Krisentiefstapelei vollzog sich auch der Abschied vom zentralen Wahlversprechen einer spürbaren Steuersenkung. Einen Teil der politischen Logik dahinter (neben allen Sach- und Sparzwängen) formulierte ein wichtiger Regierungsberater so: »Die Leute sind ja so vergesslich. Das bloße Einhalten von Versprechen nehmen sie eh nur wie selbstverständlich mit.« Die Anhänger der FDP taten sich mit dem Aus für die

Steuerreform allerdings viel schwerer als die Wählerschaft der Volkspartei CDU.

Kurzum, die letzte und die gegenwärtige Bundesregierung haben diesen Bürger-Wähler vor Augen, wenn sie handeln: Er ist notorisch undankbar, seine Erwartungen sind zu weiten Teilen steuerbar, und er vergisst ebenso schnell wie gnadenlos. Er ist immer seltener treuer Parteigänger und immer häufiger launischer Kunde, der sich von der Wahl bestimmter politischer Angebote sehr kurzfristig Erfolg und Interessenbefriedigung erwartet.

Wenn sich diese Einschätzung festsetzt, wird das weitreichende Folgen haben: Dann müssten Politiker in der Tat nicht mehr die ganze Legislaturperiode an die nächsten Wahlen denken, sondern nur noch während der letzten drei Monate. Dann hätte das hergebrachte Planen in mehrjährigen Zyklen, in ganzen Legislaturperioden, nur noch eingeschränkt Sinn. Was die Politiker vom undankbaren Wähler denken, könnte im Eigentlichen sogar das Ende der »Sachpolitik«, wie wir sie kennen, einläuten – und sie durch jene Mischung aus »Erwartungsmanagement« und zunehmender Personalisierung ersetzen, die die Wahlkämpfe der jüngeren Vergangenheit prägten. Und dann behalten die *elder statesmen* der Republik, von Helmut Schmidt bis Richard von Weizsäcker, Recht. Sie predigen seit Jahren: Deutschland und die Deutschen brauchen mehr Führung, ihre leitenden Angestellten mehr Charisma. Einer muss die Gören ja zur Raison bringen.

»Vox populi, vox Rindvieh«

Wie viel Bürger darf's denn sein in der geglückten deutschen Demokratie? Die Frage stellt sich in letzter Zeit recht häufig, aber in jeder Legislaturperiode – mindestens – einmal. Dann nämlich, wenn die Wahlbeteiligung ein neues historisches Tief erreicht hat und es hektisch um Abhilfe geht, um zusätzliche Elemente sogenannter direkter Demokratie auf Bundesebene, um Referenden und Volksbefragungen. Dann fallen zahlreiche Argumente für und wider (die meisten sattsam bekannt), aber das entscheidende nur hinter vorgehaltener Hand: »Dann würden wir bald auch die Todesstrafe in Deutschland wieder einführen.« Oder andersherum der CDU/CSU-Fraktionschef Volker Kauder: »Wenn ich Freibier für alle fordere, kriege ich sofort über 80 Prozent Zustimmung.« Deshalb: Maximal ein Volksbegehren über Rauchverbot in bayerischen Bierzelten oder Schulpolitik in Hamburg oder den Krötentunnel im Vorort. Aber, bitte, unter keinen Umständen Referenden auf Bundesebene! Und wenn die jeweilige Opposition hin und wieder mal eines von der Regierung fordert (so wie die SPD jüngst zur Atomkraft), dann nur so lange, bis sie selbst wieder regiert. Auch mancher Spitzen-Grüne ist in Wahrheit ganz froh, dass es keine bundesweiten Volksentscheide gibt: »Wer weiß schon wie die Leute über Integrationspolitik und Ausländer abstimmen würden?«

Legendär ist der Spruch, der dem Politberserker Franz Josef Strauß zugeschrieben wird: »Vox populi, vox Rindvieh.« In Wahrheit stammt der Satz von Generalfeldmarschall Friedrich von Wrangel, der im deutschen Revolutionsjahr 1848 Truppen gegen die Bürgerwehren in Berlin führte. Hat sich diese antibürgerliche Angst der Obrigkeit vor den »falschen« Mehrheiten etwa bis heute erhalten? Nach dem Motto: Immer wenn es wirklich um die Wurst geht für Deutschland, dann ist auf die Deutschen an der Urne kein Verlass. »Die Überzeugung, dass er es ›draußen im Lande‹ mit Millionen Idioten zu tun hat, gehört zur psychischen Grundausstattung des Berufspolitikers«, schrieb einmal Hans Magnus Enzensberger. Stimmt.

Und tatsächlich ist es so, dass Politiker verschiedener Parteien zwar erbittert über die Frage streiten können, was das »Gemeinwohl« ist, was ihm am besten dient: Steuern rauf oder Steuern runter? Atomkraft ja oder nein? Mehr EU oder weniger? Mehr Zuwanderung oder eine andere? Aber dieselben Politiker sind völlig einig, dass sie als Gruppe die Gralshüter dieses Gemeinwohls sind, die einzigen Sachwalter einer Vernunft, die nicht allein an heute, sondern auch an morgen und übermorgen denkt und die Deutschen deshalb manches Mal zu ihrem Glücke zwingen respektive von der Wahlkabine fernhalten muss: D-Mark-Einführung, Wiederbewaffnung, Ostpolitik, die Wiedervereinigung, den Euro und die Agenda 2010 – was wäre aus dem politischen Tafelsilber der Nachkriegsrepublik und diversen Großentscheidungen geworden, hätte das Volk darüber gesondert mit ja oder nein abstimmen dürfen? Antwort quer durch die Parteien, selbst in jenen, die Referenden und Volksabstimmungen auf Bundesebene immer wieder fordern: »Nichts davon wäre durchgegangen. Dafür gab es keine Mehrheiten.«

Das Misstrauen sitzt tief. So tief, dass umgekehrt inzwischen sogar die Furcht vor Volkes Meinung zu einem bestimmten Vorhaben als Beweis für dessen staatstragende Bedeutung gilt. Nach der Proportionallogik: Je größer die Skepsis der Deutschen umso höher die Wahrscheinlichkeit, dass es sich um eine Entscheidung von historischer Tragweite handelt, die der Wähler (mal wieder) leider nicht erkennt, deren Glanz dereinst aber dem Urheber ein leuchtendes Angedenken verheißt. Deutsche Politiker wollen in diesem Sinne nur allzu gerne glauben, dass sie einen Eintrag im Geschichtsbuch vor allem dann erwarten dürfen, wenn sie ein Projekt verfolgen, von dem sie behaupten können, dass es in einer bundesweiten Volksabstimmung durchgefallen wäre. Was für eine verquere Logik.

Es mag ja sein, dass Volksabstimmungen in einem Land im mentalen Ausnahmezustand während der ersten Jahrzehnte nach dem Zweiten Weltkrieg eine riskante Sache gewesen wären – zumal unter dem Tutorium von Siegermächten, die guten Grund für großes Misstrauen hatten. Aber musste das unverändert auch noch in den 80er Jahren gelten und gar bis heute? Nein, eigentlich nicht, wie sogar das Beispiel Nato-Doppelbeschluss bei genauerer Betrachtung zeigt. Der Raketenbeschluss musste Anfang der 80er Jahre keineswegs »gegen die Deutschen« durchgesetzt werden, auch wenn manche Umfrage das suggerierte. Politisch vertreten werden musste der Beschluss zunächst (nur) gegen größere Teile der SPD, was der damalige Kanzler Helmut Schmidt leider nicht zustande brachte. Er scheiterte an Politikern (seiner eigenen Partei), also Vertretern jener Spezies, die in der repräsentativen Demokratie als das überlegen denkende Wesen gilt. Nach dem Wechsel der FDP in die Koalition mit Helmut Kohls CDU gewannen die Schwarz-Gelben die Neuwahl im Frühjahr 1983 deutlich. *Trotz* der ganz klaren Ansage, zum umstrittenen Raketenbeschluss zu stehen? Oder gerade *wegen* dieser Entschlossenheit und der Einsicht vieler Wähler in die Notwendigkeit, der Sowjet-Aufrüstung etwas halbwegs Gleichwertiges entgegenzustellen? Die Antwort ist zumindest offen.

Noch ein Beispiel, noch einmal die SPD: Der Widerstand gegen die Agenda 2010, gegen die Grundüberholung des

Nachkriegssozialstaates war groß genug, den Sozialdemokraten eine Serie bitterer Wahlschlappen zu bereiten. Aber hätte dieser Widerstand auch ein umfassendes Nein in einer Volksabstimmung herbeigeführt? Leute wie Klaus Ernst oder Gesine Lötzsch von der Linkspartei sind fest überzeugt davon, aber sie irren. Und es ist keine allzu abwegige Spekulation, dass auch Gerhard Schröder noch einmal im Kanzleramt hätte sitzen bleiben dürfen, wenn er am ursprünglichen Bundestagswahltermin 2006 hätte festhalten können – mitten im Aufschwung (und dem glückseligen WM-Sommer). Sein Neuwahlmanöver leitete Schröder übrigens mit den Worten ein, nach der SPD-Niederlage bei der NRW-Landtagswahl wolle er sich für seine Politik »ein neues Mandat« vom deutschen Wähler holen. Hätte er haben können – am leichtesten und klarsten mit einer Volksabstimmung. Bei der Bundestagswahl 2005 und allen Wahlen seither stimmten dann annähernd 90 Prozent der Wähler für Parteien, die mehr oder minder fest zur Agenda stehen. Hätten die in einer Volksabstimmung plötzlich alle gegen die Agenda gestimmt? Wohlgemerkt, wenn man nicht nach Details, sondern nach ja oder nein zum Ganzen gefragt hätte?

Wahr ist freilich auch: Bundesweite Volksentscheide wären gewiss nicht das Patentrezept gegen Politikverdrossenheit, als das sie derzeit (wieder einmal) angepriesen werden. Schon ein, zwei Volksentscheide pro Jahr würden die Strecke zwischen Land- und Bundestagswahlen zum Dauerwahlkampf machen – mit allen Nachteilen und Nebenwirkungen. Deshalb ist es auch zu billig, den Politikern zu unterstellen, dass sie sich die Bürger einfach nur vom Leibe halten wollen, um so ihrem selbstsüchtigen Treiben möglichst ungestört nachgehen zu können. Das ist etwas für Dark-Room-Verschwörungstheoretiker wie den Parteienkritiker Hans-Herbert von Arnim, der mehr direkte Demokratie als Heilmittel gegen all die teuflischen Krankheiten preist, mit denen eine verlotterte Politikerclique das Gemeinwesen angesteckt habe. Wenn der Durchschnittspolitiker dem Durchschnittsbürger nicht zutraut, strategisch und nachhaltig an das Große und Ganze zu denken, dann ist das auch Gewohnheitssache, schließlich ist der leise-laute Zweifel an der Urteilsfähigkeit der Bürger in jeder repräsentativen Demokratie angelegt, nicht nur in der deutschen: Viele beauftragen wenige mit der Wahrnehmung ihrer Interessen, weil es am Ende besser für alle ist. Die Bundesrepublik ist mit ihrem indirekten parlamentarischen System bislang nicht schlecht gefahren. Dieses System als Verschwörung der Gewählten gegen ihre Wähler zu denunzieren, ist inzwischen mächtig in Mode, aber so maß- wie substanzlos.

Dennoch ist diese Frage erlaubt: Fehlt es dem politischen Personal an Mut, den Bürgern heute mehr Entscheidungen zuzutrauen als vor 50, 30 oder 10 Jahren? Die Verzagtheit der Regierenden wie der Opponierenden geht inzwischen so weit, dass die allermeisten Bundespolitiker nicht nur Volksabstimmungen mit großer Skepsis sehen, sondern sich aus Furcht vor dem Druck »falscher« (Umfrage-)Mehrheiten die Politik selber aus der Hand nehmen lassen. Die Angst vor dem Wähler, dem selbst das objektiv Gebotene nicht zu vermitteln sei, diktiert das Handeln. Dieser Logik folgt, bei Licht betrachtet, auch die neue »Schuldenbremse« im Grundgesetz. Dieses Verschuldungsverbot soll erklärtermaßen den »politischen Zuckerbäckern« (Herfried Münkler) das Handwerk legen, was immerhin impliziert, dass einerseits die Wählerschaft aus naschsüchtigen Hohlköpfen besteht und andererseits die Politiker gegen die unterstellte Naschsucht kein überzeugendes Mittel wissen. »Zum Gluck«, seufzten einmal zwei Politiker von CDU und FDP insgeheim im Gespräch. »Seitdem sie im Grundgesetz steht, können wir uns hinter der Schuldenbremse verstecken, um Mehrheiten für Sozialkürzungen in einem Land zu organisieren, in dem mehr als die Hälfte der Bevölkerung von Sozialtransfers oder der gesetzlichen Rente lebt.«

Von den Mehrheiten im Land haben deutsche Politiker also eine ziemlich klare Vorstellung: Für das Richtige gibt es sie viel zu selten, und für das Falsche gäbe es sie viel zu oft. Rar, sehr rar sind dagegen Stimmen wie die des SPD-Innen-experten Dieter Wiefelspütz. Als die Schweizer in einer Volksabstimmung den Bau neuer Minarette überraschend verboten, entgegnete er, herrlich gelassen: »Demokratie ist riskant. Das Volk kann sich ja auch irren.« Die Politiker müssten vorher für ihre Überzeugung kämpfen und besser überzeugen. »Das hält die Demokratie doch am Leben.«

Übrigens: Nach der Wiedereinführung der Todesstrafe fragen die Demoskopen in Deutschland seit Jahren nicht mehr. Weil immerfort eine breite Mehrheit dagegen war, wurde das irgendwann langweilig. Und die Freibier-für-alle-Partei, die Linke, ist eher auf dem absteigenden Ast und wird den Generationswechsel an der Spitze wohl nicht unbeschadet überstehen. Könnte heißen: Was immer an dem Politiker-spruch »vox populi, vox Rindvieh« in vergangenen Zeiten dran gewesen sein mag – heute sind die Deutschen offenkundig in vielem viel weiter, als die meisten Politiker glauben wollen.

»Renten kürzen ist politischer Selbstmord«

Wenn ganze Bevölkerungsgruppen zwecks Sicherstellung einträglicher Sozialtransfers zu Opfern erklärt werden, muss man zwar nicht mit jenem Furor reagieren, wie er dem *Spiegel*-Autor Jan Fleischhauer (»Unter Linken«) einen satten Auflagenerfolg beschert hat. Aber es stimmt schon: Als wehrloses Opfer zu gelten, kann in Deutschland eine runde Sache sein. Vor allem, wenn man heute Rentner und mithin eines von 20 Millionen solcher Opfer ist. Dann zählt man in Wahrheit zwar zu einer Generation, der es im Ruhestand weitaus besser geht als jeder anderen vor ihr und wahrscheinlich auch jeder anderen nach ihr. Aber quer durch alle Parteien sehen es die Politiker definitiv anders. Das Bild vom armen Rentner, dem wehrlos den Umständen ausgelieferten Opfer, hat sich derart verfestigt, dass daraus in den letzten Jahren in einem Maße politische Konsequenzen gezogen wurden wie nie zuvor. Milliarden Euro werden von Jung zu Alt umverteilt, die letzten Stützpfeiler einer nachhaltigen Generationenpolitik aus der Verankerung gerissen. Und immer, wenn in den letzten Monaten vom »Sparen« oder »Konsolidieren« der öffentliche Haushalte die Rede war, gab es einen Satz noch im selben Atemzug hinterher: »Aber an den Rentenzuschuss gehen wir nicht ran.« Sparen also ja, aber nicht bei den Rentnern. Und alles nur, weil die Handelnden ein bestimmtes Bild vom deutschen Rentner haben. Leider das falsche. Falsch in der Sache, also objektiv, und falsch hinsichtlich der Selbstwahrnehmung der Rentner, also subjektiv. Die Millionen quasi hungernder Rentner, allesamt leicht zu verunsichern und ebenso selbst- wie rachsüchtig – es gibt sie gar nicht. Macht nichts: Union,

Sozialdemokraten, Grüne, auch Liberale und die Linke glauben, es gäbe sie. Also gibt es sie: Gegen die Rentner geht nichts oder fast nichts in der Republik. Die folgende Szene allein beweist das.

Sie nimmt ihren Anfang im Bundesministerium für Arbeit und Soziales, auf der Ministeretage. Am 26. April 2009 wird im Haus an der Berliner Wilhelmstraße 49 sehr aufmerksam eine Vorabmeldung des *Handelsblatts* gelesen, wonach mehrere Wirtschaftsexperten für das laufende (Krisen-) Jahr ein Sinken der Lohnsumme voraussagen. Das könne zu einem Sinken der Renten des Folgejahres 2010 führen, ganz so, wie es die seit 1957 geltende Rentenformel im Grundsatz vorsieht. Als am folgenden Montag, am 27. April, mehrere Tageszeitungen, darunter die *Bild*, in ihren Montagausgaben diese Meldung zitieren, zieht sich Minister Olaf Scholz (SPD) in sein Büro zurück und denkt »zwei Stunden lang nach«, wie er später selber erzählen wird. Ergebnis: »Dagegen komme ich nicht an.« Einem Regierungsdementi der Meldung traut Scholz nicht zu, mit der Botschaft sicherer Renten bei den Älteren und dem Rest des Publikums durchzudringen. Ein klares Bekenntnis zur geltenden Rentenformel, im Guten wie im Schlechten – das traut er wiederum sich selbst nicht zu. Er fürchtet stattdessen »anhaltende Verunsicherung« der 20 Millionen Rentner, vulgo: ihre Rache an der SPD bei den anstehenden Wahlen.

Scholz greift zum Telefonhörer und lässt sich mit Bundeskanzlerin Angela Merkel (CDU) verbinden. Sein Vorschlag: Die Bundesregierung solle per Gesetz das Sinken der Renten ausschließen, auch wenn es nach den Erkenntnissen seines eigenen Ministeriums 2010 gar nicht anstehe, weil die Lohnsumme 2009 gar nicht sinken werde. Falls die Kanzlerin sich dieser Idee nicht anschließen wolle, werde er, Scholz, dasselbe als »Vorschlag der SPD« präsentieren. Zeitungen und

Fernsehsender sind zu diesem Zeitpunkt bereits für den Nachmittag zu einer Stellungnahme des Ministers eingeladen. Das weiß auch die Kanzlerin. Sie verspricht, schnell zurückzurufen. Als erstes berät sie sich an diesem Vormittag mit dem Fraktionschef der Union im Bundestag, Volker Kauder (CDU). Ergebnis wiederum: »Dagegen kommen wir nicht an.« Nicht gegen die (vermeintliche) Verunsicherung der Rentner und nicht gegen die Freigiebigkeit der SPD.

Merkel setzt sich erneut mit ihrem Arbeitsminister in Verbindung und gibt grünes Licht. Wenige Stunden später ist die »Rentenformel« Geschichte, an ihre Stelle tritt die »Rentengarantie«: Die Renten steigen mit den Löhnen des jeweiligen Vorjahres, aber wenn die Löhne sinken, bleiben die Renten stabil. Dann stellt sich heraus, wer die Zeche zahlen soll im Fall der Fälle: die Angestellten und ihre Arbeitgeber, die Jüngeren also. Der Rentenexperte Bernd Raffelhüschen errechnet in der Folge, dass sich die Kosten für die Jüngeren wegen der verschiedenen Eingriffe in die Rentenformel auf 73 Milliarden Euro bis zum Jahr 2021 summieren werden. Aber da ist es längst zu spät für ein schlechtes Gewissen. Die Politik hatte sich gleichsam selbst in die Flucht geschlagen, voller Schrecken vor dem Zerrbild vermeintlich marodierender Rentnerhorden.

So richtig stolz darauf scheint jedoch niemand zu sein – noch nicht einmal Ende 2010, als die Rentengarantie zum ersten Mal gegriffen hat, tatsächlich ein Sinken der Altersbezüge verhinderte, nachdem im Jahr zuvor wegen Krise und Kurzarbeit die Löhne geschrumpft waren. Wenn man hinter den Kulissen herumfragt, ist bis heute ein Satz immer wieder zu hören, bei der SPD wie bei CDU und CSU: »Es wäre politischer Selbstmord gewesen, sich gegen die Rentengarantie zu stellen. Politischer Selbstmord! Wir dürfen die Rentner nicht verunsichern!«

Dieser Satz ist es. Dieser Satz ist wie die Karte, die wir uns als Kinder immer fürs Autoquartett gewünscht haben: mehr PS, mehr Hubraum, mehr Zylinder und mehr Höchstgeschwindigkeit als jede andere Karte. Schlägt alles. Schlägt zum Beispiel Fakten: Die so oft beschworene »Altersarmut« gibt es nicht. Gerade einmal 2,3 Prozent aller Rentner sind auf »Grundsicherung« angewiesen, also staatlichen Lebensunterhalt. In keiner anderen Altersgruppe ist diese Quote so niedrig. Altersarmut in größerem Umfang wird es erst in jenen Generationen geben, die als die derzeit Aktiven à conto der heutigen Ruheständler und vermeintlichen Armenhäusler geschröpft werden und darum keine Luft mehr haben, fürs eigene Alter privat vorzusorgen.

Schlägt auch Gerechtigkeit: Die Rentengarantie spaltete auf dem Höhepunkt der Wirtschaftskrise die Gesellschaft in zwei Teile. Dem einen wird staatlicherseits eine Vollkaskogarantie für den Lebensstandard gewährt; der andere darf sehen, wie er mit Jobangst, Jobverlust und Finanznöten allein zurechtkommt und nebenbei noch Kinder zu künftigen Rentenbeitragszahlern großzieht.

Schlägt schließlich auch die unmittelbare Realität: Im Jahr der Rentengarantie, 2009, bekamen die Rentner die größte Erhöhung ihrer Bezüge seit Jahrzehnten. Zum 1. Juli stiegen sie um 2,5 Prozent, und das brutto für netto, weil die Inflation zu diesem Zeitpunkt auf eine ebenfalls seit Jahrzehnten nicht gesehene Null gefallen war.

»Gegen die Rentner geht bald nix mehr«, sagt ein hochrangiger Fraktionsmanager der CDU und zuckt mit den Achseln. Und auch die FDP verließ der liberale, ach so generationengerechte Mut. Als die Rentengarantie von der großen Koalition beschlossen war, wollte man sich im FDP-Präsidium auf eine Debatte über eine mögliche Blockade des Vorhabens im Bundesrat gar nicht erst einlassen. »Damit ist nichts zu gewinnen«, hieß es an die Adresse einzelner junger FDP-Spitzenpolitiker wie die des heutigen Gesundheitsministers Philipp Rösler, die wenigstens mal die Frage gestellt haben wollten.

Fakt ist: 65-jährige Männer haben heute im Schnitt noch 17 Lebensjahre vor sich; 65-jährige Frauen noch 20 Jahre. 2009 war das erste Jahr, in dem die Zahl der über 65-jährigen Deutschen größer war als die Zahl der unter 20-jährigen. Das Wahlgewicht der Rentner nimmt stetig zu, weil ihre schiere Zahl steigt, ihr Anteil an der Gesamtbevölkerung wächst und ihre Wahlbeteiligung regelmäßig weitaus höher liegt als die Quote für die Gesamtbevölkerung. Und während die SPD quasi naturgemäß Schutzmacht der kleinen Leute und Rentner zu sein hat, braucht auch die Union die Stimmen der Älteren. In keiner Altersgruppe hat sie die Nase so verlässlich vorn wie in der der über 60-Jährigen. »Ohne die Senioren wird in der Zukunft keine Wahl mehr gewonnen«, tönt Otto Wulf, Chef der CDU-Seniorenunion. Recht hat er: Mit 42 Prozent schnitt die Union bei der Bundestagswahl 2009 bei den über 60-Jährigen weit besser ab als insgesamt (33,8 Prozent). Für die SPD gilt das auch (28 vs. 23,0 Prozent), während die drei kleineren Parteien in dieser Gruppe erkennbar schlechter abschneiden als mit ihrem Gesamtergebnis. »Es droht die Rentner-Demokratie«, warnte ein ehemaliger Bundespräsident schon vor einigen Jahren.

Außerdem sind für die Rentner einige Lobbyverbände am Werk, die zu den aggressivsten der Republik zählen und es auch mit Zahlen und Fakten nicht so genau nehmen, wenn's der eigenen Sache dient. So rechnet der Paritätische Wohlfahrtsverband in seinem »Armutsbericht« große Regionen Deutschlands im Handumdrehen auf das Niveau von Burkina Faso herunter, warnt mit Tremolo, dass »ganze Landstriche veröden«. Dass er dabei die regionalen Kaufkraftunterschiede nicht beachtet, ohne die eine Vergleichsbetrachtung aber schlicht unseriös ist – wen kümmert es?

Doch reicht das zur Erklärung? Große Zahl, starke Lobby – das könnten schließlich auch die Industriebeschäftigten oder Autofahrer in Deutschland von sich sagen, die dennoch ganz anders von der Politik gesehen und behandelt werden. Es steckt mehr hinter dem Bild, das sich Politiker vom deutschen Rentner machen, von dem »Eck-Rentner«, der nach 45 Arbeits- und Beitragsjahren mit durchschnittlich hohem Einkommen nun eine durchschnittlich lange Zeit bis zu seinem Ableben eine Durchschnittsrente von 1078 Euro (West) und 941 Euro (Ost) bezieht. Aber was?

Oftmals hat es etwas seltsam Resigniertes und Fürsorgliches zugleich, wenn Politiker über Rentner sprechen und darüber, was man ihnen »zumuten kann« und »niemals zumuten darf«. Für Gerhard Schröder war seine Mutter, die »Löwin«, lange Zeit das Maß aller Dinge, wenn es um die deutsche Rentenpolitik ging. Ganze Zahlenkolonnen voll unabweisbarer Sachzwänge von Demographiefaktor bis Rentenbeitragsatz konnte er in kleinen Runden mit den Worten wegwischen: »Menschen wie meine Mutter würden das nicht verstehen.« Schröders Mutter musste als Kriegerwitwe mit bescheidensten Mitteln eine mehrköpfige Familie durchbringen. Den Mut und den Verzicht, die es dazu brauchte, hat Sohn Gerhard, der spätere Kanzler, ihr nie vergessen – und das auf alle anderen Rentner in Deutschland projiziert. »Meine Mutter würde das nicht verstehen.«

Allgemeiner: Mindestens in den beiden Volksparteien wirkt eine Mischung aus Schuld, Scham und Dank gegenüber der heutigen Rentnergeneration. Sie hatte keine wohl temperierte Jugend wie die aktuelle Politikergeneration selbst, sie hatte keine Freiheit zur Dummheit. Sie hat nach dem Krieg die Republik aus Schutt und Asche geholt und die Grundlage für jenen breiten Wohlstand geschaffen, der das Land bis heute zusammenhält und Basis aller aktuellen Politik ist. Man darf vermuten, dass die verwöhnten Nachkriegsgenerationen aus einer solchen Lebensleistung massive Ansprüche ableiten würden, säßen sie heute selbst schon im Ruhestand. Und was sie selber denken würden, unterstellen sie jenen, die heute tatsächlich die Rentnergeneration sind. Hinzukommt ein unausgesprochener Fürsorgepaternalismus, der unweigerlich auch zur Rechtfertigung des eigenen (Politiker-)Daseins dient. Denn eine große Gruppe zu Fürsorgebedürftigen zu erklären, bedeutet ja immer auch eine Existenzberechtigung für diejenigen, die solche Fürsorge organisieren und sicherstellen wollen. Heißt: Was Politiker von denen denken, die sie da so regelmäßig bevorteilen, ist nicht gerade vorteilhaft. Aber stimmt es wenigstens? Antwort: Dafür spricht wenig.

Was an belastbaren Untersuchungen vorliegt, zeigt, dass für die Mehrheit der über 60-Jährigen nicht die nächste Rentenerhöhung, sondern Bildung, Investitionen und Schuldenabbau die wichtigen Themen sind, wichtiger noch als für die 14- bis 29-Jährigen, die sie eigentlich viel stärker betreffen, weil ja ihre Zukunft zur Verhandlung steht. Und in einer Umfrage zur Rentengarantie, in die ein Hinweis auf Kosten für die gegenwärtigen Beitragszahler integriert war, nannten mehr als Hälfte der Befragten die Rentengarantie »ungerecht«. Auch in den höheren Altersgruppen zeigte sich dieses Meinungsbild. Die Altersforscherin (und zeitweilige CDU-Familienministerin) Ursula Lehr sagt: »Für Ältere sind zum Thema Alter nur die Punkte Gesundheit und Gesundheitsversorgung zu erschwinglichen Preisen von wirklich großer Bedeutung.« Das erklärt auch den kollektiven Altenzorn, der über den Junge-Union-Chef Philipp Missfelder hereinbrach, als er die Frage stellte, ob jeder 85-Jährige auf Kosten der

Krankenversicherung noch ein neues Hüftgelenk bekommen müsse. Unter jungen Abgeordneten gilt es inzwischen fast als Mutprobe, eine ähnliche Forderung einmal öffentlich zu erheben. Das Ganze hat freilich mehr von Folklore als von Politik. Da ist der linke Ex-Jusochef Björn Böhning nicht anders als sein Duzfreund Missfelder, der das Konservative in der Union reanimieren möchte: Bei den Alten haben auch die Jungen resigniert.

Dabei fühlt sich die »Generation Silber« heute »gesünder, aktiver und jünger denn je«, schrieb zuletzt die Gesellschaft für Konsumforschung in einer aufwändigen Studie. Drei Viertel der 11 000 Befragten fühlten sich im Schnitt zehn Jahre jünger, als sie tatsächlich sind. Fast zwei Drittel schätzten den eigenen Gesundheitszustand als gut oder sehr gut ein. Unter den 60- bis 69-Jährigen haben 82 Prozent ein Auto, das sie regelmäßig, oftmals täglich, benutzen. Ein Viertel geht davon aus, dass sich die finanzielle Lage im Laufe der nächsten Jahre sogar noch verbessern werde. Insgesamt attestiert die Gesellschaft für Komsumforschung (GfK) der Ruheständlergeneration eine »hohe Kaufkraft«. Und: Sie ist so aktiv, dass ein Viertel ein nennenswertes Ehrenamt ausübt.

Man muss es dabei ja nicht wie jene fünf Senioren übertreiben, die vor einiger Zeit ihren Anlageberater kidnappten, um aus ihm 2,4 Millionen Euro, die sie als Anlagegelder im Börsencrash verloren hatten, wieder herauszuprügeln. Nach vier Tagen befreite ein Spezialkommando der Polizei den Berater aus einem Keller, da hatte er bereits zwei gebrochene Rippen – silver power. Aber im Ernst: Alt ist nicht gleich Alt. Unter den rund 20 Millionen Rentnern in Deutschland gibt es verschiedene große Gruppen. Sie unterscheiden sich nach Bildung, Einkommen und Status voneinander mindestens so sehr wie Jung von Alt. Rentner mit 45 Jahren Maloche in den Knochen ticken anders, wollen anderes, als jene entschlossenen Alten, die in Stuttgart demonstrieren, weil sie nicht 15 Jahre lang eine Mammutbaustelle in ihrer Stadt haben wollen. Denn sie scheuen die Veränderung, und 15 Jahre sind der größte Teil der Zeit, die sie noch zu leben haben. Mit diesen Unterschieden zwischen Alt und Alt müsste die Politik eigentlich umzugehen wissen.

Wenn aber etwas der Politik neue Rahmenbedingungen setzt, dann die wachsende Zahl von Altenhaushalten ohne Nachkommen. Ohne Kinder, denen man Geld für den Hausbau leiht; ohne Enkel, denen man den Zehner fürs Kino zusteckt oder das Auslandssemester oder die berufliche Weiterbildung mitfinanziert. Wer im Alter keine Kinder und Enkel mehr hat, sieht für sich (und alle anderen) einen ganz anderen Horizont des Handelns. »Das verändert Politik«, sagt auch Kanzlerin Angela Merkel. Wie, weiß sie noch nicht.

Was sich als erstes verändern sollte, ist freilich das Bild der Politiker von der »Generation Silber«. Es stammt allem Anschein nach aus dem kollektiven Gedächtnis der Deutschen, in dem zwei Hyperinflationen eingebrannt sind, welche die Existenzgrundlage vor allem der Rentner vernichteten, ohne dass sie die Chance gehabt hätten, durch eigene Tatkraft ihr Schicksal danach wieder zum Guten zu wenden. Und noch etwas: Die Presse hat an diesem Zerrbild vergleichsweise wenig Anteil. Von *Bild* bis *FAZ* geißelten die Medien die Rentengarantie als Raubbau an der Generationengerechtigkeit, als populistischen Tiefpunkt der großen Koalition. Und sie begrüßten fast ebenso einhellig die verschiedenen Versuche des liberalen Wirtschaftsministers Wolfgang Brüderle, das heikle Thema wieder auf die Tagesordnung zu bringen, weil nach der Krise »auch bei der Rente wieder Normalität« einkehren sollte. Die Medien taten also nichts, um die Massen auf die Barrikaden zu treiben. Nein, am besten brachte es der *Spiegel* auf den Punkt, der in einem Bericht über das hastige Zustandekommen des Gesetzes einen namenlosen Beamten des Arbeitsministeriums von Olaf Scholz zitierte: »Da hat ein Papierkorb gebrannt und der Minister hat gleich einen ganzen Feuerwehrlöschzug hingestellt.«

»Die Leute wollen solche Bilder«

Warum band sich Konrad Adenauer im Alter von über 80 Jahren eine Kochschürze um und warf vor der Kamera Pfannekuchen in die Luft? Warum spielt Horst Seehofer im Hobbykeller seines Hauses mit der Elektroeisenbahn? Warum zeigt uns Frank-Walter Steinmeier seine Jugendfotos und führt uns mit seiner Frau durch den gemeinsamen Garten? Warum posiert Karl-Theodor zu Guttenberg als Top-Gun Pin-up in Olivgrün oder lässt sich in einem Berliner Park von seiner Gattin anhimmeln? Und warum lässt Eva Köhler uns alle in ihr privates Fotoalbum schauen, obwohl wir nur lernen, dass ihr Mann, der gewesene Bundespräsident, auch mit Anfang 30 schon so linkisch wirkte wie in den acht Minuten, in denen er seinen Rücktritt erklärte?

Wohlgemerkt: Sie alle und die vielen anderen Politpromis müssen das nicht tun. Niemand kann sie zu Homestories oder anderen Posen zwingen. Trotzdem, so antworten Politiker fast unisono: »Die Leute wollen solche Bilder sehen.« Das stimmt. Die Leute sind neugierig. So wie sie aus reiner Neugier wissen wollen, wie es bei Brad Pitt und Angelina Jolie im Kinder- oder Wohnzimmer aussieht, so wollen sie auch wissen, wie ihre Politpromis daheim so leben, welche Farbe das Sofa hat und wo der Fernseher steht. Diese Neugier zu befriedigen, gehört immer öfter zu einer fast totalen Verfügbarkeit, mit der zumal prominentere Politiker zu leben (gelernt) haben. Und natürlich stehen inzwischen alle Zeitungen und Magazine der Republik bereit, diese Homestories und andere glamourös inszenierte Auftritte opulent bebildert auch zu drucken. Nicht umsonst ziert das funkelnde Traumpaar der

Massen, die zu Guttenbergs, die Covers von *Spiegel, Stern, Bild* und immer wieder der *Bunten*. Reagierten die Leser darauf mit Kaufstreik, würde kein Blatt die Geschichten bringen. Zur ganzen Wahrheit gehört übrigens auch, dass über diese Art Fotoproduktionen die (Selbst-)Darsteller eine weitaus umfassendere Kontrolle ausüben können als über die Verwendung ihrer Worte, Zitatfetzen oder ausgeklügelte Argumentationen. Auch das macht den Reiz an solchen Auftritten aus, wenngleich nicht den entscheidenden. Kurzum: Die vordergründige Motivlage von süßlicher Selbstdarstellung im privaten Kreis ist klar – es geht um die Sympathie des Publikums.

Aber: Stimmt auch, was ein Mitglied des CDU-Präsidiums über das Fernsehduell Merkel – Schröder 2005 sagt? »Der einzige Satz, der im TV-Duell bei den Leuten hängen geblieben ist, war Schröders: ›Ich liebe meine Frau.‹ Das wollen die Leute doch wissen …« Was steckt politisch dahinter, wenn die Politiker aus guten Gründen glauben, mit der fotogerechten Inszenierung einer heilen (Familien-)Welt bei Wählern massenhaft punkten zu können?

Mit Politikern darüber offen zu reden, ist nicht leicht. Frage: Warum überhaupt Homestories? Die erste Antwort, ein Ausweichmanöver, reimt sich meist auf den Satz: »Aber ihr Journalisten wollt das doch so haben!« Das geht am Punkt vorbei, denn Journalisten würden ein zerwühltes Bett oder eine unaufgeräumte Küche in der Wohnung des Spitzenpolitikers X mindestens so gerne zeigen wie das vorbildlich bis unbeholfen spießig eingerichtete Wohnzimmer von Edmund Stoiber. Also Nachfrage: Warum muss es immer heile Welt sein? Antwort: »Die Leute wollen ihre Politiker auch mal als ganz normale Menschen sehen.« Das kommt dem springenden Punkt schon näher, wenn auch unfreiwillig. Denn ein Politiker-Privatleben ist in Wahrheit das glatte Gegenteil der Norm, alles andere als »normal«. Mitleid tut hier nichts zu

Sache, aber das Privatleben eines Bundespolitikers der ersten oder zweiten Reihe wird zerrieben zwischen Terminen und Telefonaten, hin- und hergerissen zwischen (noch einem) Wahlkreisauftritt oder einfach einmal acht Stunden am Stück Ausschlafen. Ohne jemals unter irgendein Wohnzimmersofa oder Schlafzimmerbett gekrochen zu sein, lässt sich behaupten: Das Privat- und Familienleben eines Politikers hat so gut wie nichts von Rosamunde Pilcher. Die Ehefrauen sind de facto alleinerziehende Mütter, und der Herr Vater kommt ganz schön rum. Auf den Fotos fürs liebe Publikum jedoch, da muss es das puderzuckersüße Familienidyll sein. Selbst Grünen-Chef Cem Özdemir lässt sich mit Baby auf dem Arm und schmelzend blickender Gefährtin kunstgerecht fotografieren. Grünen-affin unter dem Stichwort »moderner Vater nimmt Vater-Auszeit«, versteht sich.

Wie und wo sich ein Politiker privat-familiär darstellt, sagt eine Menge darüber, was er von denen denkt, für die er sich inszeniert. Es offenbart die Unterstellung, die Wähler seien in hinreichend großer Zahl irgendwie doch harmoniesüchtige Romantiker, wünschten sich selbst in eine heile Welt zurück, die an die 50er in Deutschland erinnert, nicht aber an die Patchwork-Familien-Alleinerziehenden-Wirklichkeit des 21. Jahrhunderts, wo jedes glückliche Ehepaar mindestens zwei andere kennt, die sich gerade scheiden lassen. Hinter der Inszenierung von Kaminfeuer und Hausmusik mit den frisch gescheiterten Kleinen steckt die Annahme, ein guter Teil der Deutschen wolle in seinen Politikerinnen und Politikern eben auch den perfekten Vater, die perfekte Ehefrau sehen – am liebsten so perfekt gestylt wie die zu Guttenbergs. Zugespitzt: Obwohl jeder Wähler aus eigener Erfahrung die Inszenierung durchschauen könnte, versprechen sich Politiker aller Couleur von einer rosarot angepinselten Pseudowelt mehr Glaubwürdigkeit für die eigene politische Person und Position als von einer Selbstdarstellung inmitten einer privaten Realität, wie sie ein großer Teil der Wähler selber erlebt. Und diese Glaubwürdigkeit zählt. Sie wird für Politiker die letzte harte Währung beim Wähler, wenn sachpolitische Antworten immer komplizierter werden. Es ist nur noch ein kleiner Schritt dahin, die Rosamunde-Pilcher-Facette im Bild der Politiker von den Bürgern in den nächstgrößeren Zusammenhang zu stellen. Und der heißt: »Die Leute wollen ja ein bisschen betrogen werden.« Das sagen ziemlich viele Politiker nämlich auch. Und man muss ihnen lassen, dass sie damit vermutlich recht haben.

»Die Leute interessieren sich doch gar nicht für Politik«

»Ach, wenn die Völker wüssten, wie sie regiert werden!« Ein Satz wie ein Schulterzucken. Ein Satz wie ein schiefes Grinsen. Ein Satz aus dem Mund eines SPD-Präsidiumsmitglieds, aber von einem Unions-Mann könnte er ganz gewiss ebenso stammen. Selbstmitleid schwingt darin, auch Schuldgefühl, Ratlosigkeit und Trotz: »Die Leute interessieren sich doch fast alle gar nicht für Politik«, sagen die, die Politik machen und es ja offiziell im Auftrag eben dieser »Leute« tun. Kann das gutgehen?

»Die verbreitete Teilnahmslosigkeit des Volkes an den politischen Vorgängen und Aufgaben löst die Politik aus ihrem Ort im menschlichen Dasein. Sie erscheint dem Einzelnen als ein Sachvorgang, an dem er, als bloßes Objekt, nicht mitzuwirken hat. (...) Dieser Zustand ist auch eine Folge der unzulänglichen politischen Bildung.« Damit ist alles gesagt, besser: war schon alles gesagt. Nämlich Ende der 50er Jahre, in einer Denkschrift zur ersten Grünwalder Arbeitstagung, als deren Ergebnis die politische Akademie Tutzing entstand. Wie gesagt, vor gut 50 Jahren. Seitdem läuft, alles in allem, der Wähler vor der Politik weg und die Politik hinterher. Was am Ende beide verändert – die Wähler wie die Politik.

Die Maßzahlen der Gleichgültigkeit und des Ohne-Mich: Zwei Drittel der Befragten (dimap) stimmen dem Satz zu: »Es genügt mir als politische Teilhabe, dass ich alle paar Jahre wählen kann.« Die Wahlbeteiligung ist in Deutschland zwar immer noch deutlich höher als anderswo, aber sie sinkt von Allzeittief zu Allzeittief. Auf sage und schreibe noch 44,4 Prozent bei der Landtagswahl in Sachsen-Anhalt 2006,

auf 59,3 Prozent bei der nordrhein-westfälischen Landtagswahl 2010 – von Kommunal- oder direkten Oberbürgermeis-
terwahlen ganz zu schweigen. Bei der letzten Bundestagswahl
sank die Beteiligung vom alten Allzeittief (2005: 77,7 %) auf
das neue von nur noch 70,8 Prozent. Und Ende 2010 ermit-
telte eine Forsa-Umfrage, dass bei einer Bundestagswahl die
Enthaltung auf 35 bis 36 Prozent wachsen würde. Parallel
dazu trocknen die großen Parteien aus. Union und SPD haben seit dem 70er Jahren ihre Mitgliederzahl halbiert, der
Altersdurchschnitt der verbliebenen Mitglieder liegt jenseits
der 55 Jahre. Eine große Allensbach-Erhebung ergab jüngst:
Von den unter 30-Jährigen sind nur noch neun Prozent »in-
tensiv« an Politik interessiert. Die Forscher stellen zudem eine
sich rapide wandelnde Mediennutzung der Jüngeren fest: Anders als die gleiche Altersgruppe vor zehn oder vor 20 Jahren
informiert sich, wer heute jung ist, nicht regelmäßig, kontinu-
ierlich und breit gefächert, sondern punktuell, ad hoc und bei
Bedarf. Das lenkt die, die sich informieren wollen, an der Tageszeitung vorbei ins Internet, weil im Internet jederzeit
punktuell eine Informationstiefe zu haben ist, die eine bestimmte Ausgabe einer Tageszeitung niemals bieten kann.
Vorbei also die seligen Zeiten, da der damalige RTL-Chef
Helmut Thoma sagte: »Man kann die *Tagesschau* bei Kerzen-
licht rückwärts auf Latein vorlesen und die Quote wäre immer noch die gleiche.« Die Leiterin des Allensbacher Instituts,
Renate Köcher, zieht den Schluss: »Eine Gesellschaft, die teil-
weise auf kontinuierliche Information und Urteilsbildung
verzichtet, wird spontaner, in der Urteilsbildung beweglicher,
sogar sprunghafter und anfälliger für Manipulation.« Dass
sich gerade Junge bei Attac, Greenpeace, einer Internetpeti-
tion oder der örtlichen Bürgerinitiative durchaus engagieren,
Projekt für Projekt, ändert an der Veränderung der Informa-
tionskultur nichts – und nur die ist es, die Sorgen macht. Gut

vier Millionen Erstwähler hätten zur Bundestagswahl 2009 gedurft – aber nur rund 2,5 Millionen gingen hin. Stoßseufzer eines CSU-Bundesministers: »Politik vor Ort ist nur noch da, wo eine Bürgerinitiative am Werk ist.« Tatsächlich hat die Union seit der Bundestagswahl 2009 annähernd jeden fünften ihrer Wähler an die (vermeintliche) »Partei« der Nichtwähler verloren, die rechnerisch bald auch stärker sein könnte als die nach eigenen Angaben »letzte Volkspartei« – eben die Union.

Aber warum bleiben die Leute weg, die Jungen zumal? In den wenigen entsprechenden Umfragen nach Bundestagswahlen gaben 35 bis 45 Prozent der Nicht-Wähler »geringe Involvierung« als Grund an; technische Gründe wie »keine Zeit« oder »Krankheit« führte gut ein Viertel der Befragten an. Von »politischem Misstrauen« sprachen um die 30 Prozent, was mutmaßlich ein nach oben verzerrter Wert ist, weil ein Teil der Befragten naturgemäß mit einem politischen Statement »rationalisieren« will, woran in Wahrheit Faulheit oder ein falsch gestellter Wecker schuld waren. Zudem lag laut CDU-Wahlanalyse der Anteil derer, die die Bundestagswahl als »Schicksalswahl« sahen, mit nur 16 Prozent auf einem historischen Tiefpunkt.

Dagegen vertritt bloß eine steile These, wer die Nicht-Wähler allesamt zu den wahrhaft Engagierten und Informierten erklärt. Vollends eine Kapriole nach dem alten APO-Motto »Schweine regieren, Esel wählen« wird daraus, wenn einzig das Nicht-Wählen noch als politisch aufgeklärte Haltung gilt, weil nur auf diesem Weg dem gesamten Parteiensystem die rote Karte zu zeigen sei. Das ist große Geste und hat etwas von Reinen-Tisch-Machen: Die Parteien zu entmachten, weil sie die Politik als Geisel genommen hätten; weil sie aus schierem Eigennutz den Menschen Lust und Zugang zur Politik verleideten, ach ja. Wie angenehm unaufgeregt wirkt da die Gegenthese, wonach die schrumpfende Wahlbeteiligung für die Normalisierung der deutschen Verhältnisse steht, in denen vor allem jene nicht mehr zur Wahl gehen, die im großen und ganzen zufrieden mit den politischen Verhältnissen sind; die anderes, Privateres wichtiger nehmen, solange niemand im Boot groß zu schaukeln anfängt. Der Politologe und Nicht-Wähler-Forscher Oskar Niedermayer begründet die Hauptursache der grassierenden Wahlmüdigkeit mit gesellschaftlichem Wandel, hin zu Individualisierung und Singlehaushalten, weg von familiären oder dörflichen Bindungen, in denen Wahlenthaltung traditionell schlecht gelitten ist.

Was ein solches sich Zurücknehmen beziehungsweise Zurücklehnen allerdings auch mit sich bringt, zeigt sich an den nachweislich jammervoll geringen Kenntnissen gerade der Jüngeren über Politik und wie sie funktioniert in Deutschland. Auf Sicht schneidet sich da eine ganze Generation von klassischer Teilhabe ab, weil sie nicht nur nicht mehr will, sondern bald auch nicht mehr kann. Während Millionen Deutsche, die sich auch nicht sehr für Autos interessieren, immerhin wissen, dass diese in der Regel vier Räder haben, dass die Kupplung das Pedal links ist und man den Zapfhahn an der Tankstelle besser in den Tank als in den Kühler steckt, geht in Sachen Politik Desinteresse mit kapitalen Wissenslücken auch bei den einfachsten Zusammenhängen einher. Und die agierenden Politiker beobachten das genau, junge wie alte. Der SPD-Nachwuchspolitiker Marco Bülow schreibt in seinem ansonsten durchaus selbstkritischen Buch »Wir Abnicker«: »Ich bin immer wieder überrascht, wie wenig die meisten Gäste (seiner Besuchergruppen, d.A.) über die Arbeit der Politiker wissen.«

»Verdrossen sind die Ahnungslosen« überschrieb die *Zeit* schon 2001 einen Essay des Politologen Werner Patzelt: »So glaubt gerade die Hälfte der Bevölkerung, schon etwas von Gewaltenteilung gehört zu haben. Was Föderalismus sei, wissen 59 Prozent nicht; vom Rest machen 14 Prozent falsche Angaben. 40 Prozent der Deutschen können nichts oder nur Unrichtiges über den Bundesrat äußern.« Außerdem verkennten 70 Prozent der Befragten, dass es die zentrale Aufgabe der regierungstragenden Fraktionen ist, die Regierung gemäß parlamentarischem Mehrheitswillen auf Kurs und insgesamt im Amt zu halten. Patzelt: »Und während der Opposition in Wirklichkeit keineswegs die Pflicht zukommt, der gegnerischen Regierung bei der Arbeit zu helfen, meinen das seit Jahrzehnten zwei Drittel der Deutschen.« Kein Interesse, keine Ahnung: So falsch ist dieser Eindruck der Politiker von vielen ihrer Wähler nicht, so grundlos ist die Bürgerverdrossenheit der Politiker an diesem Punkt nicht. Aber was macht die Politik daraus? Oder viel mehr: Was macht das aus der Politik?

Schön, da sind die »SSF« (Standard-Sonntags-Forderungen) nach mehr politischer Bildung in den Schulen, nach mehr öffentlich-rechtlicher Sendezeit für die Übertragung von Bundestagsdebatten und, ganz allgemein, nach mehr Wertschätzung für die Politik. Der SPD-Bundestagsabgeordnete Hans-Peter Bartels schlug sogar vor, ein öffentlich-rechtliches »Institut für die Didaktik der Demokratie« zu gründen. Er sagt: »Bei der politischen Bildung fangen wir längst nicht mehr bei Null an, sondern im Minusbereich.«

Da sind zudem die vielen kleinen und großen Schritte, das Wahlrecht besser auf den Bürger und seinen (in Umfragen mit Zwei-Drittel-Mehrheit geäußerten) Wunsch nach Teilhabe zuzuschneiden. Allein: So viel sich am Wahlrecht in Ländern und Kommunen getan hat, so beschämend klein ist in der Praxis dann die Bereitschaft zur Teilhabe. Zwar ist die (jährlich erheblich schwankende) Zahl von Volksbegehren und Volksentscheiden über die Jahrzehnte angewachsen. In den 80er Jahren gab es nur 12 solcher Verfahren, im ersten

Jahrzehnt dieses Jahrhunderts waren es schon gut 140, darunter so herausragende wie der Entscheid für ein striktes Rauchverbot in Bayern oder die Absage an die schwarz-grüne Schulpolitik in Hamburg. Wahr ist aber auch: Annähernd die Hälfte der Volksentscheide in deutschen Bundesländern scheitert an zu wenig Stimmen, an einer Wahlbeteiligung unterhalb des geforderten Quorums. An allen Volksentscheiden zum Beispiel des Jahres 2008, die nicht zugleich auf dem Termin anderer Wahlen lagen, beteiligten sich im Schnitt nur 36 Prozent der Berechtigten. Das ist ziemlich genau jener jämmerlich niedrige Wert, der bei regulären Kommunalwahlen erreicht wird – und hernach stets als Rechtfertigung für mehr »direkte Demokratie« herhalten muss. Enttäuschungen dieser Art erleben vor Ort sogar die traditionell basisbewegten Grünen. Als der Freiburger Bürgermeister Dieter Salomon wegen 3500 Beschwerden gegen den geplanten Verkauf von städtischen Wohnungen zur Diskussion ins Sportstadion einlud – kamen keine 200 Menschen. Und auch zur hoch gelobten Abstimmung über das bayerische Rauchverbot gingen nur 37,7 Prozent der Wahlberechtigten. Von ihnen votierten 61 Prozent für das ultrastrenge Rauchverbot – das entspricht 23 Prozent der Wahlberechtigten. Ist das wirklich so viel beeindruckender als gängige Wahlen? Fazit von höchster Stelle: »Die Erfahrungen, die wir mit Plebisziten auf kommunaler und Länderebene gemacht haben, vermitteln mir nicht den Eindruck, dass es einen besonderen Bedarf bürgerschaftlicher Mitwirkung gibt. Die meisten Plebiszite scheitern doch an mangelnder Beteiligung«, sagt Bundestagspräsident Norbert Lammert. Höflich. Wahrscheinlich zu höflich.

Denn wer denkt, die Politiker würden nun in Scharen die Wähler bei ihrer Ehre als Demokraten packen und mit Worten an die Urnen prügeln – der irrt. Doch was tun die Politiker dann, die angesichts von Politikmüdigkeit und Politikunverständnis wie die Pinguine auf einer Eisscholle sitzen, die schnell schmelzend nach Süden treibt? Die Altvorderen wie der frühere Bundespräsident Roman Herzog haben es leicht. Sie können in Sarkasmus machen. Herzog sagt trocken: »Es gibt ein Grundrecht auf Dummheit.« Die Aktiven dagegen müssen anders reagieren. Zu ihren Rezepten gehören die bislang wirklich kläglichen Versuche deutscher Politiker und Parteien, über das Internet den Weg zum Wähler zu finden.

Was der »Piraten-Partei« glückte, missriet den Etablierten, auch den Grünen. Während die »Piraten« kein einziges Plakat klebten, aber aus dem Stand über zehn Prozent bei den männlichen Erstwählern holten (und zwei Prozent insgesamt), erlebten die großen Parteien ein Web-Desaster, was zum einen an der vergleichsweise geringen Netzmobilisierung der wahlentscheidenden (älteren) Jahrgänge liegen mag. Aber bestimmt auch an der deutschen Biederkeit auf *Tagesschau*-Niveau, die der samstägliche Podcast der Kanzlerin genauso ausschwitzt wie die Youtube-Fragestunden mit den jeweiligen SPD-Vorsitzenden. Ganz zu schweigen von den grotesken Twitter-Botschaften, die selbst ein Profi wie Ex-SPD-Generalsekretär Hubertus Heil mit Politik verwechselt. Robert Basic, einer der wichtigsten Politblogger Deutschlands, ahnte schon vor der Wahl 2009: »Ich würde mich daher überhaupt nicht wundern, wenn es auch 2009 nix Großartiges im Netz zu sehen geben wird. (…) Zumal das auch eine Altersfrage ist. Ich erwarte weder von einem Münte, noch von Angie oder gar einem Guido frische Signale. Und von einem beamtischen Steinmeier schon mal gar nix.« Der so gescholtene SPD-Kanzlerkandidat hat auf seinem *Facebook*-Eintrag am Ende des Wahlkampfes rund 7000 »Unterstützer«, Barack Obama an die sieben Millionen. Internet und die deutschen Parteien? Vielleicht nächstes Mal; die I-Phone-App des Bundestages hielt sich nach ihrer Einführung vor kurzem immerhin eine ganze Zeit lang unter den Top Ten der Gratis-Apps. Und internetgestützte Protestattacken gegen das Bahnhofsprojekt »Stuttgart 21«, gegen ein gesetzliches Verbot von Paintball-Spielen oder gegen Jumbo-Flugrouten über den Südwesten der Hauptstadt Berlin haben vorgemacht, dass Netzmobilisierung und -politisierung geht. Aber es geht längst nicht für jeden und mit jedem. Der FDP-Abgeordnete und Internetexperte Manuel Höferlin schränkt die Möglichkeiten, *online* Politik zu machen, in einem weiteren Punkt ein: »Da in den sozialen Netzwerken aber hauptsächlich Menschen ähnlichen Interessen vernetzt sind, handelt es sich dabei in erster Linie um Eigenmobilisierung.« Insgesamt gebe es immer einen gewissen Prozentsatz von Menschen, die sich engagierten, aber, so Höferlin: »Der ist nicht höher, weil die Teilnahme erleichtert wird.«

Die große Menge der Politiker dagegen scheint sich einstweilen deutlich mehr von zunehmender Personalisierung und der folgerichtigen Fixierung auf die eigene Glaubwürdigkeit zu versprechen. Der kommende Mann der SPD in Schleswig-Holstein, der Kieler Oberbürgermeister Torsten Albig, sagt es als einer der wenigen ziemlich offen: »Ich glaube nicht, dass es (den Menschen) reicht, Inhalte klug zu diskutieren und dann war's das. Menschen haben zu Recht den Anspruch darauf, dass wir ihnen Politik auch nahe bringen, und sie möchten dies auch verbinden mit Personen, die sie dafür in Verantwortung nehmen.«

Warum auch nicht? Personalisierung und Inszenierung sind ja nicht per se von Übel, im Gegenteil. Sie vermitteln Bilder, die haften, und Köpfe, die für Themen stehen. Dass auf diesem Weg einiges zu erreichen ist, bewies auf der anderen Seite des politischen Spektrums nicht zuletzt CSU-Shooting-Star Karl-Theodor zu Guttenberg. Größter Treibsatz seines bemerkenswerten Aufstiegs ist sein Talent, sich traumwandlerisch sicher von den meisten anderen Politikern zu unterscheiden – ohne den nörgelnden Antipolitiker zu geben oder den unernsten Paradiesvogel. Guttenberg ist Politiker durch und durch, einen anderen Beruf hat er in seinem Leben nicht ausgeübt. Aber das Publikum nimmt ihn anders wahr. Und er sich selbst auch, nämlich als eine Mischung aus Prinzipientreue, Unabhängigkeit und Spielernatur. Kleine Anekdote zum Beweis: Für eine mitternächtliche Dandypose auf dem strahlend erleuchteten New Yorker Times Square musste der damals frisch gebackene Wirtschaftsminister zwar einige Prügel einstecken, weil er eigentlich in einer durchaus dramatischen Mission, nämlich in Sachen Opel-Rettung, unterwegs war. Aber während sein Pressesprecher ob der allzu glamourösen Fotos mit den Händen rang, blieb zu Guttenberg cool. »Prügel ja«, sagte er auf dem Rückflug von New York, als ihm das Presseecho übermittelt wurde, »aber das Foto ist auf der Seite 1 der FAZ.«

Dieselbe Denke steckt hinter der Talkshow-Präsenz der deutschen Politiker quer durch alle Parteien. Auch sie ist nicht pauschal zu verteufeln, im Gegenteil. Talkshows sind Politik. Vielleicht sind sie Politik am bunten Narrensaum der Republik, und gewiss ganz anders als Politik auf dem Marktplatz, bei einer Bezirksdelegiertenkonferenz oder im Bundestag – aber deshalb nicht automatisch weniger wert. Sie definieren politische Standorte, machen neue Unterströme in der Wählerschaft sichtbar und bleiben, wenn's gut läuft, Prägeanstalt eben für Glaubwürdigkeit und Vertrauen.

Hier schließt sich der Kreis: Zur Ersatzwährung wird Glaubwürdigkeit, weil der Politiker zu Recht davon ausgeht, dass der Durchschnittswähler sich mit komplizierter Sachpolitik immer seltener abmühen mag und in Wahrheit für viele Zusammenhänge weder Interesse noch Verständnis hat. Deshalb sucht er nach vertrauens- beziehungsweise glaubwürdigen Politikern, bei denen er seine Interessen gut aufgehoben sieht. Diesem leidenschaftslosen Pragmatismus der Wähler entspricht die in Wahrheit sehr große Gelassenheit, mit der alle Parteien die schrumpfende Wahlbeteiligung betrachten. Nicht, dass es sie zynisch freuen würde, aber als dramatischen Entzug der Geschäftsgrundlage nimmt wohl kein namhafter Politiker die Sache wahr. Das hängt zum einen daran, dass Wahlen im föderalen System der Bundesrepublik weder SPD noch Union je ganz von der Macht abschneiden können. Über Koalitionen und Landesregierungen (also den Bundesrat) bleiben sie immer wenigstens ein kleines bisschen im großen Geschäft, weshalb die Abwahl Helmut Kohls 1998 die CDU nicht ins Mark traf und die Schlappen 2005 und 2009 nicht die SPD. Schon im Mai 2010 war sie nach dem Wahlsieg in Nordrhein-Westfalen wieder ordentlich im Geschäft, durfte das »Comeback der SPD« feiern. Zum anderen ist zu beobachten, dass die Politiker den Spieß im Stillen sogar umdrehen. Da fallen Sätze wie diese: »Mehrheit ist Mehrheit«. »Einer muss das Land ja regieren.« »Wenn die Leute nicht hingehen, können wir doch nicht einfach mit der Politik aufhören.«

Kann das auf Dauer gut gehen? Oder ist es nicht an der Zeit, die Wähler einmal zu etwas zu zwingen, nämlich zum Wählen? Gibt es eine Pflicht zur Demokratie, wie es im SPD-Grundsatzprogramm heißt? Zugegeben, solche Gedanken führen schnell auf dünnes Eis: Wenn es eine Pflicht für ein Mindestmaß an Mitmachen und Mitdenken gäbe, was würde dann für jene folgen, die ihr vorsätzlich nicht genügen? In der Sozialgesetzgebung gibt es einen Anspruch auf Unterstützung durch die »Solidargemeinschaft«, also die Gesamtheit der Beitrags- und Steuerzahler. Aber dieser Anspruch ist geknüpft an Pflichten der Empfänger, deren Nicht-Einhaltung mit schrittweisem Entzug der Transferleistung geahndet wird. Ginge das auch mit dem freien und allgemeinen Wahlrecht, dem Kern der Demokratie? Ja, in so gelassenen Demokratien wie den EU-Staaten Belgien, Griechenland, Italien und Luxemburg geht es. Hier herrscht Wahlpflicht; Nicht-Wählern drohen Geld- oder andere Strafen. Mit der Wahlpflicht verbindet sich dort ausdrücklich auch die Hoffnung, Politikverdrossenheit in Grenzen halten zu können. Kurzum: Der Staat verpflichtet seine Bürger zu einem Mindestmaß an Staatsbürgerlichkeit – »there's no such thing as a free lunch«. Oder wie es der inzwischen ausgeschiedene SPD-Bundestagsabgeordnete Jörn Thiessen sagt: »Wir Politiker müssen im Parlament abstimmen – das kann man auch von den Wählern verlangen.« Zu viel verlangt? Ganz klar: Nein. In Australien kam es 1924 zur Wahlpflicht: Im Ersten Weltkrieg hatte das Land mit 60 000 Gefallenen gemessen an der Bevölkerungszahl einen enormen Preis entrichtet. »Für die Freiheit«, wie es damals hieß – und sich dieser Freiheit an der Wahlurne würdig zu erweisen, hat jeder Australier seither die Pflicht. Keine schlechte Begründung und vielleicht auch nicht der schlechteste Weg, ernsthaft etwas zu ändern. Mit »keine Ahnung, kein Interesse« als – leider ziemlich zutreffendem – Befund ist jedenfalls auf Dauer kein Staat in Deutschland zu machen.

»Wegen Schulden hat noch keiner die Wahl verloren«

Im Deutschen Bundestag gibt es eine Gruppe Parlamentarier, die sich über fast alle Parteigrenzen hinweg nahestehen. Das sind die »Haushälter«. Ihr politischer Traum ist ein nachhaltig ausgeglichener Staatshaushalt, also einer, der auf Dauer ohne netto neu aufgenommene Schulden auskommt. Die natürlichen Fressfeinde der Haushälter sind die Sozialpolitiker. Auch sie verbünden sich nicht selten mit ihresgleichen aus anderen Fraktionen, denn sie wollen für allerlei Segnungen jenes Geld ausgeben, das die Haushälter bewilligen müssen, aber wegen ihres Traums nicht bewilligen wollen. In diesem quasi genetisch angelegten Streit ist das beste Argument der Sozialpolitiker seit jeher leider dieses: »Wegen Schulden hat noch keiner die Wahl verloren.«

Das sitzt. Denn es stimmt.

Aus 60 Jahren Bundesrepublik ist weder auf Bundes- noch auf Länderebene eine Wahl in Erinnerung, in der es spielentscheidend um Schulden und kaputte Haushalte gegangen wäre – und die ein amtierender Regierungschef eben deswegen verloren hätte. Kein Wunder also, dass die Entwicklung der staatlichen Gesamtverschuldung nur eine Richtung kennt: nach oben. An dieser im Großen und Ganzen stetig nach oben strebenden Kurve ist (mit Ausnahme der Jahre 2009, 2010) nicht abzulesen, wie es der Republik in welcher Phase wirtschaftlich ging. Oder welche Parteien gerade regierten. Ob es hagelte oder die Sonne lachte, nur einmal ist ein Rückgang der Gesamtschulden zu verzeichnen. Das war, als die Versteigerung der UMTS-Handy-Lizenzen dem damaligen Finanzminister Hans Eichel rund 100 Milliarden Mark in die Kasse spülte, die großenteils in eine Altschulden-Sondertilgung gingen.

Schulden machen ist eigentlich immer, gelernt ist gelernt: »Wegen Schulden hat noch keiner die Wahl verloren.« Selbst nach drei Jahren ordentlichen Wachstums (2008) nahm die Bevölkerung ein zweistelliges Milliardendefizit beim Bund ohne größeren Aufstand hin. Wenn überhaupt, stockt der Öffentlichkeit nur kurz der Atem, wenn es um neue Schuldenrekorde geht – oder um 20 Milliarden Euro an Krediten für das bankrotte Griechenland. In den Jahren 2009 und 2010 überstieg die Neuverschuldung allein des Bundes zusammengenommen die 100 Milliarden Euro deutlich – was eine Bruttoverschuldung von sage und schreibe mehr als 300 Milliarden Euro bedeutete, die der Staat bei den Anlegern einsammeln musste. Im Jahr 2013 soll das Defizit des Bundeshaushalts immer noch um die 45 Milliarden Euro betragen, so sieht es zumindest die Finanzplanung der schwarz-gelben Koalition vor. Doch Aufruhr blieb aus, bleibt aus und wird ausbleiben.

Dabei sind die Deutschen ein Volk emsiger Sparer, wie es kaum ein zweites auf dem Globus gibt. Weiterhin legen sie ein gutes Zehntel ihres verfügbaren Einkommens auf die hohe Kante. Das »Sparschwein« wurde hierzulande erstmals 1550 urkundlich erwähnt, und immer noch wird mit 1400 Milliarden Euro der bei weitem größte Anteil der Vermögen als Bar-, Spar- oder Festgeld gehalten. Anders die Deutschen als politisches Kollektiv. Als »die Wähler« nämlich haben sie in aller Regel die Spendierhosen an, respektive weigern sie sich, sie jenem Typus Politiker stramm zu ziehen, der über die Jahre aus dem Posten »Zins und Tilgung« den derzeit schon drittgrößten im Bundeshaushalt gemacht hat. Und seien die Schulden von heute hundert Mal die Steuererhöhungen von morgen: Zumindest in der Politik gilt der Satz der Ökonomen von der strukturell angelegten »Vernachlässigung der in der Zukunft liegenden Bedürfnisse«. Die Politiker dürfen fest mit der Nachsicht der Wähler rechnen, wenn sie in Sonntagsreden für die Nachhaltigkeit der Staatsfinanzen plädieren und im Alltag weiter Schulden machen. Das ist einer der ganz wenigen Politikerwidersprüche, die sich nie wirklich rächen.

Das prägt, kein Wunder: So haben die allermeisten Politiker das gedankliche Gegenstück von Schuldenmachen – sparen beziehungsweise weniger ausgeben – inzwischen als offizielle Politikoption aussortiert. Stellvertretend ließe sich CSU-Generalsekretär Alexander Dobrindt mit dem intern heiter formulierten Satz zitieren: »Ach, das mit dem Sparen wird doch politisch total überschätzt.« Oder wie es der CDU-Strippenzieher und heutige Umweltminister Norbert Röttgen auf dem Höhepunkt der schwarz-gelben Koalitionsverhandlungen 2009 sinngemäß formulierte: Man zöge sich nicht den Zorn der halben Republik zu, um »heroisch« von 90 Milliarden Defizit auf 78 Milliarden zu kommen – und von den Leitartiklern dann immer noch verprügelt zu werden. Dazu passt auch dieser durch Zufall belauschte Dialog der Unions- und FDP-Unterhändler in der Koalitionsarbeitsgruppe »Steuern/Finanzen«. Sagt der CDU-Verhandler (sinngemäß) zu seinem FDP-Gegenüber: »Wo sind denn Eure Sparvorschläge aus der letzten Legislaturperiode?« Antwort des FDPlers: »Wir reden jetzt nicht über Sparen. Denn wenn wir anfangen, geht ihr raus und sagt, wir wollten sparen und streichen. Und wo sind eigentlich eure Vorschläge?« Antwort des CDUlers: »Wir fangen auch nicht an. Dann geht ihr raus, erzählt es rum, und wir kriegen von den Leuten die Prügel. So haben wir nicht gewettet.«

Gegen Ende der Koalitionsverhandlungen trug sich eine Episode zu, die dieses Bild vom Bürger bei Politikern aller Parteien weiter zementiert haben dürfte. Die schwarz-gelbe

Noch-nicht-ganz-Koalition versuchte, einen zweistelligen Milliardenbetrag absehbarer Neuverschuldung in einen Schattenhaushalt wegzudrücken. Erst da brach die Empörung durch. Aber wiederum nicht wegen der in Rede stehenden Summen, sondern allein wegen der Trickserei – wegen des Versuchs, Medien und Bürger für dumm zu verkaufen.

Fazit: Die öffentlichen Ausgaben massiv zu stutzen, weil die entsprechenden langfristig sicheren Einnahmen fehlen, hält kaum ein Politiker mehr für angezeigt – außer natürlich in Griechenland, das nicht länger über seine Verhältnisse leben dürfe. Aber in Deutschland scheinen die Politiker noch dürfen zu wollen, weil sie wissen, dass die Wähler sie lassen. Vom »größten Sparpaket« der Nachkriegsgeschichte, das die schwarz-gelbe Koalition aufgelegt haben will, war bei Lichte besehen nur die Hälfte echte (gleichwohl sozial gerechte) Ausgabenkürzung. Die andere Hälfte summierte sich aus Steuer- und Abgabenerhöhungen, manches davon auf reichlich Sand gebaut. Ansonsten soll Wachstum die Probleme lösen, mehr Steuereinnahmen in die Kassen spülen und die Sozialversicherungen entlasten. So redeten in den 70er, 80er und 90er Jahren freilich nur »Sozen, die nicht mit Geld umgehen können« (Helmut Kohl).

Nun werden die Politiker nicht müde, auf die »Schuldenbremse« zu verweisen, und Finanzminister Wolfgang Schäuble sagte sogar, dass er ohne Schuldenbremse das Amt vermutlich gar nicht übernommen hätte. Tatsache ist: In einer der letzten Bundestagssitzungen ihrer Amtszeit schrieb die große Koalition 2009 ins Grundgesetz, dass für Bund und Bundesländer gegen Ende des nächsten Jahrzehnts neue Schulden weitgehend verboten sein sollen. Um im steten Gleitflug ans Ziel zu kommen, müsse in jedem Jahr bis dahin die Neuverschuldung des Bundes um zehn Milliarden Euro schrumpfen. Das wäre in der Tat ein epochaler Wandel, und man würde es gern glauben. Doch Politik ohne Schulden für Deutschland ist wie Fußball ohne Foul, Junkie ohne Stoff, ist wie Kinder, die nie naschen. Nach der ersten Sparrunde im Zeichen der Nachkrise kommt die eigentliche Bewährungsprobe in den Jahren 2011 bis 2013. Aber wie den Deutschen ein Dauersparprogramm politisch verkaufen?

Man könnte versuchen, »Schuldenabbau nicht als Bedrohung, sondern als Verheißung« (Wolfgang Schäuble) darzustellen: So dass Schuldenabbau am Ende als einzige Alternative zu einer massiven Inflation erschiene, als einzige Alternative zur Urangst der Deutschen, denen die brutalen Geldentwertungen des 20. Jahrhunderts gleichsam in der nationalen DNA stecken. Schon heute fürchtet laut Umfragen jeder dritte Berufstätige, dass der Staat wegen seiner hohen Verschuldung die gesetzliche Rente im Alter kürzen wird. Wer Sparen als Rezept gegen Inflation anzupreisen vermag, bekommt also auch jene 20 Millionen Rentner auf seine Seite, die einer hohen Inflation nahezu wehrlos ausgesetzt sind. Ob das klappt? Darauf wetten mag wohl kaum jemand, aber an dieser Stelle einfach nur zu unken, ist nicht der springende Punkt. Vielmehr ist es eine ganz besondere, bezeichnende Ironie, dass die »Schuldenbremse« nicht aus Furcht vor dem gestrengen Wähler und seinem klaren Votum zustande kam. Vielmehr obsiegten bei den maßgeblichen Politikern in Union und SPD zwei Einsichten: Dass, erstens, immer neue Schulden die kommenden Generationen tatsächlich in nicht zu rechtfertigender Art und Weise belasten – ihre Zukunft verzehren, ehe sie begonnen hat. Und dass trotzdem, zweitens, weder Wähler noch Gewählte vom Schuldenmachen loskommen würden, wenn sie den politischen Mechanismus dafür nicht gleichsam in einem Tresor wegschließen und die Schlüssel dafür wegwerfen würden. Nichts anderes bedeutet die Schuldenbremse im Grundgesetz, das ja nur mit einer

Zwei-Drittel-Mehrheit an dieser Stelle wieder zu ändern wäre, die es im aufgefächerten Fünf-Parteien-System der Zukunft bei diesem Thema wohl nie mehr geben wird. Und genau das hoffen fast alle ehrlich sparbemühten Politiker, die man zu diesem Punkt befragen kann. Ist das nun weise, nehmen die Politiker die eigenen Schwächen und die ihrer Wähler einfach nur nüchtern in den Blick? Oder ist es schlicht feige? Sei's drum, allemal ist es entlarvend: Selten hat sich ein Parlament derart entmannt. Ein ranghoher SPD-Abgeordneter, der partout nicht genannt werden will, sagte damals: »Die Leute haben noch nicht im Entferntesten begriffen, was wir da mit uns und letztlich mit ihnen veranstaltet haben.« Das staatliche Budget zu bemessen, mit Schulden oder ohne, dieses Recht trotzten die Parlamente einst den Fürsten als erstes ab, gleichsam in ihrer Geburtsstunde. Von dort bis zur parlamentarischen Demokratie unserer Tage verläuft eine nicht immer gerade, doch stolze Linie. Weil die deutschen Politiker (aus gutem Grund) glauben, dass hemmungsloses Schuldenmachen bei Wahlen in Deutschland nicht schadet und sauberes Haushalten nichts nutzt, haben sie das Budgetrecht vor den Wählern (und sich selbst) in Sicherheit gebracht. Keine schöne Pointe.

»Das verstehen die Leute eh nicht«

Manche sonntagabends, die meisten Montag früh: So pendeln die derzeit 622 Bundestagsabgeordneten zurück nach Berlin, wenn das Parlament Sitzungswoche hat, also mehr als zwanzig Mal im Jahr. Dann kommen sie aus ihren Wahlkreisen in allen Ecken der Republik in die Hauptstadt. Und obwohl es ihnen als Insassen des »Raumschiffs Berlin« stets abgesprochen wird, bringen sie etwas Wertvolles mit: Momente, die sie mitten im ganz realen Leben der Bürger gestanden haben, Eindrücke aus erster Hand. Aus Familie, Schützenverein, Bürgersprechstunde, Sportplatzeinweihung. Und wenn sie davon berichten, fällt innerhalb der ersten fünf Minuten ein Satz garantiert, den stellvertretend für ganz viele der Bundesminister für wirtschaftliche Zusammenarbeit und Entwicklung Dirk Niebel (FDP) einmal so formulierte: »Wenn man es den Leuten in Ruhe erklärt, verstehen sie es.«

Heißt: Bundestagsabgeordnete stehen nicht auf Kriegsfuß mit dem Wähler, solange er ihnen im »vorpolitischen Raum« als Einzelner gegenüber sitzt, es Rede und Gegenrede gibt. In der bezeichnend so genannten Wahlkreis-»Sprechstunde« oder am Stehtisch bei einer Veranstaltung in der Fußgängerzone lässt sich dem einen oder anderen eben doch erklären, warum zum Beispiel die Verlängerung der Lebensarbeitszeit nötig war, die Rente mit 67. Oder der Afghanistan-Einsatz der Bundeswehr. Oder die gigantische Neuverschuldung für unter anderem den Bankenrettungsschirm. Oder eine Gesundheitsreform, bei der erneut die Beiträge steigen. Diese Erfolgserlebnisse bringen Bundestagsabgeordnete also regelmäßig mit nach

Berlin. Wo sie freilich ebenso regelmäßig zügig verblassen, weil alle repräsentativen Umfragen unter den Deutschen eine so klare Ablehnung der Rente mit 67, des Afghanistan-Einsatzes und so viel Verdruss über die jüngste Gesundheitsreform ausweisen. Wenn also deutsche Politiker am Bürger verzweifeln – und sie tun es oft –, dann am Bürger insgesamt. Am Kollektiv, nicht am Individuum. Das ist ein Unterschied, der das politische Handeln prägt.

Umgekehrt gilt das übrigens auch: Entgegen ihrem miserablen Ruf als Gruppe ist der einzelne Politiker daheim im Wahlkreis meist gut gelitten, nicht selten hoch geachtet. Im direkten Gespräch, Auge in Auge, kann der Politiker also doch noch jene Autorität entfalten, die ihm als Klasse längst fehlt. Aber selbst für die Bürger, die ihm wohl wollen, ist der Abgeordnete vor Ort offenkundig ein anderer als in Berlin. In der fernen Hauptstadt, der gleichermaßen bewunderten wie misstrauisch beäugten Metropole, ist er Teil einer weit entrückten Elite, einer von »denen da oben«. Rädchen in der Machtmaschine Politik, um die sich Mythen ranken, die Missverständnisse und Vorurteile zuhauf produziert. Der Politologe Werner Patzelt konstatierte einmal: »Es funktioniert einfach anders, als viele Bürger glauben – wo das Volk Unrat wittert, folgt die politische Klasse oft völlig systemadäquaten Regeln.« Soll heißen: Das Volk versteht nicht, warum »die Politik« funktioniert, wie sie funktionieren muss – und nimmt übel. Die Politiker wiederum verstehen nicht, warum es »die Leute« nicht verstehen wollen. Womit schon eine Menge über jene Verdrossenheit gesagt ist, die sich immer trennender zwischen Wähler und Gewählte schiebt. Sie kann sich polternd äußern wie zum Beispiel beim ehemaligen Grünen-Außenminister Joschka Fischer, der gern Journalisten anblaffte, wie wenig sie wieder einmal von seinen außenpolitischen Ausführungen verstanden hätten (»Nichts habt ihr kapiert!«) – aber in Wahrheit damit das Publikum ganz allgemein meinte. Manchmal auch verharrt die Verdrossenheit in einer ratlosen Stille, wie bei dem SPD-Politiker, der sich auf Europa-, Landes- und Kommunalebene einen prominenten Namen gemacht hatte, dann hinwarf und Jahre später, kurz vor seinem Tod, darüber sagte: »Es ging nicht mehr. In mir war nur noch Zynismus, nur noch Verachtung für die Leute.«

Öffentlich dagegen klagen die Politiker so gut wie nie. Sie haben sich mit einem Bild vom Bürger eingerichtet, in dem ganz klar jene Bereiche des Geschäfts markiert sind, die »der Wähler nicht versteht«; die man »nicht vermitteln kann«. Und jedweder Versuch, daran etwas zu ändern, wird bestenfalls noch pflichtschuldig unternommen. Man hat Wichtigeres zu tun, oder es steht Wichtigeres auf dem Spiel, und vielleicht stimmt das sogar.

Zum Beispiel in diesem Fall, der wie kaum ein anderer zeigt, wie klar getrennt die Regelkreise inzwischen sind, in denen Politiker und Wähler denken und handeln: die Suche und spätere Wahl des Nachfolgers für den abrupt zurückgetretenen Bundespräsidenten Horst Köhler. Gegenüber standen sich im Sommer 2010 Niedersachsens Ministerpräsident Christian Wulff für Union und FDP und der DDR-Bürgerrechtler Joachim Gauck, der ehemalige Leiter der Stasi-Unterlagenbehörde. Ihn hatten SPD und Grüne aufgestellt. Die CDU bestritt nicht, dass in einer Art non-politischem Reinraum Gauck sehr wohl wählbar und ein hervorragender Bundespräsident gewesen wäre. In allen Bürgerumfragen erreichte der feingliedrige, nachdenkliche Gauck zudem klare Mehrheiten. In den Augen und nach den Kriterien größerer Teile des »normalen« Publikums galt Gauck völlig zu Recht also als Nummer Eins, als der bessere Präsident. Aber: In den Augen und nach den Kriterien der politischen Akteure war es ebenso völlig zu Recht genau andersherum. Denn: Hätten Union und

FDP trotz ihrer stattlichen Mehrheit in der Bundesversamm-lung den »eigenen« Kandidaten nicht durchgebracht, wären das Ende der schwarz-gelben Koalition und baldige Neuwah-len wohl besiegelt gewesen. Das Rennen hieß für die Bürger also »Gauck gegen Wulff«. Für die Politik, für Regierungs-wie für Oppositionslager hieß es: »Gauck gegen Merkel«, Machtfrage.

Im ersten und zweiten Wahlgang schaffte Wulff die nö-tige absolute Mehrheit nicht. Ein stattlicher Achtungserfolg für Joachim Gauck und ein böser Rempler aus den eigenen Reihen für – nicht Christian Wulff, sondern CDU-Partei-chefin Angela Merkel. Zwischen dem zweiten und dem drit-ten Wahlgang bedurfte es dann einer ruppigen Ansprache aus dem Mund von Hessens Ministerpräsidenten Roland Koch, der die CDU/CSU-Fraktion genau daran erinnerte: an die Machtfrage. »Die oder wir!« Im dritten Wahlgang, da war sie gar nicht mehr nötig, bekam Wulff schließlich doch noch die absolute Mehrheit der Stimmen in der Bundesver-sammlung.

Der sächsische FDP-Chef Holger Zastrow brachte es auf den Punkt: »Die Diskussion um eventuelle politische Konse-quenzen für die Berliner Regierung wird von den politischen Eliten geführt. Die normalen Bürger denken nicht so.« Aber ist es deshalb verboten, dass die Politiker so denken?

Ein hochrangiger SPD-Politiker hatte fast so etwas wie Mitleid mit denen im Regierungslager: »Das konnten die draußen keinem erklären, aber natürlich ging es um die Macht.« Und nicht zum ersten Mal: Aus den insgesamt 14 Bundespräsidentenwahlen, ging stets der Kandidat als Sieger hervor, der für jene Parteien antrat, die mindestens die relative Mehrheit im Saal hatten. Keine der Bundesversamm-lungen ist also je »gekippt«. Für die Lichtgestalt der Bundes-präsidenten, für Richard von Weizsäcker galt das gar doppelt:

1974 trat er als CDU-Kandidat gegen den SPD/FDP-Mehrheitskandidaten Walter Scheel an und unterlag gleich im ersten Wahlgang. Zehn Jahre später trat von Weizsäcker erneut an, dieses Mal mit einer Mehrheit von CDU/CSU und FDP im Rücken – und siegte ohne echten Gegenkandidaten im ersten Wahlgang. Das alles hinderte prominente Altpolitiker wie unter anderem Sachsens ehemaligen Ministerpräsidenten Kurt Biedenkopf nicht, mit einem Maximum an Heuchelei zu fordern, die Wahl zwischen Gauck und Wulff »freizugeben«, von allen Macht- und Mehrheitsüberlegungen zu entkleiden. Das bekam viel billigen Beifall, überschattete die Wahl Wulffs ganz ohne Not – und schürte Unverständnis wie Verdruss in der Bevölkerung.

In diesem toten Winkel von Unverständnis, diesem Funkloch ohne Netz, liegt leider fast alles, was mit Politik und Politikern an sich zu tun hat: mit ihren Riten, Regeln, Privilegien. Dazu gehört das in zahllosen Studien und Umfragen dokumentierte Generalurteil, die politische Klasse in Deutschland sei faul, verschlagen und dumm, ebenso selbstsüchtig wie überfordert. Um nur ein Beispiel zu nennen: Das bloße Wort »Diäten« lässt Volkes Seele immer noch berechenbar sieden, weshalb es zu den heikelsten Übungen der Parlamente in Bund und Ländern gehört, sie zu erhöhen. Dabei hat auch die *Bild*-Zeitung vor etlichen Jahren ihren Frieden mit den Bundestagsdiäten und ihrer Erhöhung gemacht (unter der Bedingung, dass zugleich die Pensionsregeln reformiert werden).

Es ist schon so: Schlagend gute Argumente gegen die versammelten, vernagelten Vorurteile über deutsche Politiker lassen sich zwar leicht und zahlreich finden, Fakten, Beispiele, Begebenheiten. Doch kaum einer bringt sie vor, hält dagegen; nicht in den Medien, nicht in der Wirtschaft. Und eine Gruppe rührt schon gar nicht an diesen Vorurteilen: die der

Politiker selbst. Wer bedeutende wie nicht so bedeutende Vertreter der politischen Klasse auf dieses Paradox hinweist, erfährt freundliche Zustimmung, wenngleich mit nach oben sich drehenden Augen und resigniertem Achselzucken: »Das ist doch eh' nicht zu vermitteln.« Man hat sich gewöhnt. Wohl in keinem Beruf schlägt dem Novizen so oft der Satz der Alteingesessenen entgegen: »So sind die Leute. Das muss man aushalten, wenn man das hier machen will.« Wirklich? Muss man mit einem Image-Rang knapp oberhalb der Kinderschänder leben?

Die Verächtlichmachung der Politik erfasst selbstverständlich auch deren zentrale Verfahrensweisen: Streit und Kompromiss, Macht und Gegenmacht, Strategie und Taktik. Niemand will wahrhaben, dass eine gute Idee in der Politik nicht die Hälfte der Miete ist, sondern deutlich weniger. Dass es Mehrheiten braucht und Umsetzung. Kaum jemand im Publikum ist bereit zu akzeptieren, dass Politik genauso nach eigenen Gesetzen und Regeln funktioniert, wie jedes andere hoch komplexe System auch: die Börse, eine Universitätsfakultät, der FC Bayern München oder die Berliner Philharmoniker. Die Medien sind an der Verzerrung der Verhältnisse nicht unbeteiligt. Streitiges erscheint in aller Regel größer als Unstreitiges. Geglücktes ist schneller »abgehakt« und »eingepreist« als Missratenes.

Ebenso gilt unter Spitzenpolitikern aller Parteien als dem Bürger »nicht vermittelbar«, dass die wirklich wichtigen Entscheidungen einer Koalitionsregierung nicht am Kabinettstisch, sondern im Koalitionsausschuss fallen; in diesem Vorfluter der Regierungsarbeit, in dem die Parteichefs zum Beispiel der schwarz-roten Regierung immer neu auszuloten hatten, wie viel Gemeinsamkeit CDU, CSU und SPD in der anliegenden Frage zustande bringen. Die schwarz-gelbe Koalition hat diesen Ausschuss sogar zur regelmäßig dienstagmorgens tagenden Runde erhoben – aber ebenfalls nie richtig erklärt, warum.

Ebenso resigniert gehen Politiker aller Parteifarben davon aus, dass kaum ein Bürger je begriffen hat, wie Bundestag und Bundesrat mit- oder gegeneinander arbeiten. In weit zurückliegenden Zeiten klarer Mehrheiten mag das tatsächlich keine große Bedeutung gehabt haben. Aber seit unter anderem die Bundesratsblockade der SPD aus den letzten Kohl-Jahren bleierne gemacht hat, seit der Vermittlungsausschuss beider Kammern die zweite Amtszeit Gerhard Schröders prägte und auch die zweite Amtszeit Angela Merkels prägen wird, ist es einfach atemberaubend, wie nonchalant Politiker damit umgehen, dass ihr tägliches Geschäft im Namen des Volkes für dasselbe ein Buch mit sieben Siegeln bleibt. Das gilt umso mehr für eine Zukunft, in der Fünf-Parteien-Parlamente zur Konstante werden und in Bundestag wie Bundesrat Mehrheitsbildung rein rechnerisch immer schwerer fällt. Nach der Bundestagswahl im September 2009 konnte die Koalition aus Union und FDP auf eine »gleichfarbige« Mehrheit im Bundesrat zählen. Aber schon am 9. Mai 2010 verlor die christlich-liberale Landesregierung die Landtagswahl in Nordrhein-Westfalen. Die schwarz-gelbe Bundesratsmehrheit ging also flöten – noch dazu ohne Hoffnung, dass im Laufe des Superwahljahres 2011 wieder ändern zu können. Der berüchtigte Vermittlungsausschuss feierte Wiederauferstehung, ebenso die verfassungsrechtlichen Vorabexpertisen über zustimmungspflichtige und nicht zustimmungspflichtige Teile eines Gesetzesvorhabens, die Nachtsitzungen vor großen Entscheidungen und insgesamt das völlig Undurchschaubare daran.

»Das verstehen Ihre Leser eh nicht, das ist zu kompliziert«, heißt es gern aus Politiker- oder Ministermund, wenn ein *Bild*-Redakteur im Interview Belange und Eigenarten des

Bundesrates mit seinen Fragen streift. Ein großes Wort gelassen ausgesprochen, möchte man erwidern. Die rund 12 Millionen täglichen Leser der *Bild* entsprechen in etwa einem Fünftel aller deutschen Wahlberechtigten.

Noch grundsätzlicher fühlen sich besonders die jeweils Regierenden unverstanden, wenn es darum geht, woran die Wähler Erfolg oder Misserfolg festmachen. Der Politologe Herwig Münkler schlägt sich dabei auf die Seite der Politiker. Er sagt: Viele Deutsche messen die Regierungskoalitionen am falschen Maßstab, nämlich am Maximum, also an dem, was Union und SPD oder Union und FDP nach bestimmten Kriterien erreichen *sollten*. Richtig und fair sei aber nicht das Maximum, sondern das Optimum. Also das, was sie im Rahmen ihrer nun einmal realen Beschränkungen erreichen *könnten*. Dem halten Bürger und Medien meist entgegen, dass sie die realen Nöte der Politik nicht zu interessieren hätten, wenn objektiv vorliegende Probleme zu lösen seien. Eine kombinierte Finanz- und Wirtschaftskrise fragt schließlich nicht, ob in Berlin gerade eine kleine oder eine große Koalition regiert.

Es ist ein weiterer Baustein in der Mauer aus Frust, aber die meisten Politiker haben sich damit abgefunden, dass dieser Streit zwischen »Optimum« und »Maximum« in ihrem Sinne nicht aufzulösen ist. Nicht in einem Land, das sich in der Regel noch nicht einmal auf die Lage verständigen kann, in der man sich gerade befindet. Bevor die Krise alle politischen Festplatten neu formatierte, gab es im Deutschland der großen Koalition nicht einmal Konsens darüber, ob man in einem eher armen oder eher reichen Land lebe. Ob Deutschland ein neoliberaler Kälteraum sei oder andersherum eine muffige DDR light, in der die individuelle Freiheit zwar nicht per Gesetz, aber ebenso erfolgreich per Sozialpolitik eingeengt werde.

Wie sehr die Kehrseite des Nicht-Verstehens der Bürger das Nicht-Erklären der Politiker ist, lässt sich 800 Kilometer westlich von Berlin begutachten, in Brüssel. Die Europäische Union dürfte dasjenige politische System auf dem Globus sein, von dem auch bestinformierte Bürger fast nichts verstehen. Zugegeben: Europa, die EU, die Brüsseler Verfahren sind mehrbödig, ineinander verschränkt, eine Mischung aus französischer, deutscher und angelsächsischer Verwaltungstradition. Das Dreieck von Kommission, Ministerrat und Europa-Parlament ist ein bestenfalls demokratie-*nahes* Unikum. Davon zunächst einmal nichts zu verstehen, ist kein Verbrechen. Wie sich das Desinteresse der Bürger mit den ideenlosen Erklärungsversuchen der Berufseuropäer zusammentut, das ist gleichwohl ein schändliches Versäumnis – auf beiden Seiten.

Schert das die Europa-Abgeordneten, deren Parlament seit 30 Jahren direkt gewählt wird und das trotzdem kaum einer kennt? Ja, es schert sie – aber nur ein kleines bisschen, ab und zu, auf Nachfrage. »Wenn mich die Leute fragen, was ich mache, könnte ich sagen: Ich bin die Frau, die verhindert, dass Ihrem Sohn Brüste wachsen.« So einen Satz hat die über Jahre höchst erfolgreiche verbraucherpolitische Frontfrau der SPD im Europa-Parlament, Dagmar Roth-Behrendt, schon vor zehn Jahren gesagt – im kleinen Kreis.

Tatsächlich kommen nicht nur bei Verbraucherschutz, Lebensmittelsicherheit und Produkthaftung inzwischen zwei Drittel bis drei Viertel aller alltagsrelevanten Gesetzgebung aus Brüssel über die 500 Millionen EU-Bürger. In etlichen Bereichen regiert das Europa-Parlament so machtvoll mit wie der Bundestag in Deutschland. Trotzdem: Die Bürger nehmen es nicht wahr, verstehen es nicht, interessieren sich nicht – wünschen sich in Umfragen gleichwohl regelmäßig viel mehr »Bürgerbeteiligung« in Europa. »Das möge der liebe Gott verhüten«, seufzen da insgeheim die Europa-Abgeordneten. Zugleich wird in Umfragen mehr »Transparenz« gefordert: »Das wäre ja das Schlimmste, wenn die Leute wirklich die Übertragungen der Sitzungen von 27 Staats- und Regierungschefs anschauen würden ...«, so das Echo aus dem Munde eines der besten deutschen EU-Kenner im jetzt wieder FDP-geführten Auswärtigen Amt. Typisch auch die Haltung eines prominenten Ex-CDU-Europa-Abgeordneten, der zugleich als Spitzenfunktionär eines Verbandes viel in Berlin ist und im CDU-Vorstand saß, also vergleichen kann. Er erzählt, fast schwärmt er: »Europa ist der einzige Ort, an dem ohne Medien und Bürger Politik gemacht wird. Es gibt kein intransparenteres System als die EU. Und das ist gut so, sonst hätte es den Binnenmarkt und den Euro nicht gegeben.« Ähnlich der langjährige EU-Kommissar Günter Verheugen (SPD). Zu seinem Abschied 2010 sagte er in einem Interview: »Man kann in Brüssel eher langfristig denken als daheim, wo immer die nächste Wahl vor der Tür steht. (...) Man kriegt viele Dinge nicht mit, die die nationalen Akteure sehr beschäftigen. Man muss es aber auch nicht.« So klingt Bürgerferne doch nicht nur recht kommod, sondern geradezu würdevoll, nicht wahr?

Dasselbe gilt für das Vorschlagsmonopol der EU-Kommission bei neuen Richtlinien. Perfektioniert hat die Methode der legendäre Kommissionschef Jacques Delors (1985 – 1995): zehn Vorschläge auf einen Zettel schreiben und die Staats- und Regierungschefs auffordern, alles zu streichen, was ihnen nicht passt. »Und der Rest wird dann gemacht.« Versteht zwar keiner, durchschaut auch niemand, funktioniert aber seit 30 Jahren. Und, ehrlich gesagt, oftmals tatsächlich zum Besten von inzwischen einer halben Milliarde Menschen. Wenn das kein Gefühl von Macht verschafft!

Auch Bundeskanzlerin Angela Merkel hat sich angesteckt. Mitte 2008, die Iren hatten gerade den EU-Reformvertrag bei einem Volksentscheid durchfallen lassen, brach es zu später Stunde in Brüssel gleich doppelt aus ihr heraus: zunächst eine alle Zuhörer begeisternde Selbstverteidigung der politischen Klasse, die von Politik einfach mehr verstehe als der Bürger, weil sie sich so unendlich viel mehr mit Politik beschäftige als der Bürger. Dann eine Abrechnung mit allen Formen von Volksbefragung und Referenden, die an Wählerbeschimpfung nicht nur grenzte. Gewiss, die Bundeskanzlerin bezog sich ausschließlich auf Europa, dieses nur schwer verständliche Konstrukt, das nicht Bundesstaat und nicht Staatenbund ist, sondern *tertium*, irgendetwas Drittes. Und gewiss, die Kanzlerin lag richtig mit ihrer rhetorischen Frage, ob denn wohl die EWG 1957, nur zwölf Jahre nach dem zweiten Weltkrieg, gegründet worden wäre, hätte es Referenden in Frankreich oder den Niederlanden gegeben. Aber der unter anderen anwesende *Spiegel*-Korrespondent brachte Merkels eigentlichen Gedanken später schön auf den Punkt: »So haben die Schlawiner den europäischen Völkern einen Binnenmarkt untergejubelt, den Euro, die Aufhebung vieler Grenzkontrollen und zuletzt eine weltweit vorbildliche Klimapolitik. (…) In Referenden wäre das meiste mindestens aufgehalten worden, wenn nicht verhindert. Demokratie heißt nicht, grenzenloses Vertrauen in den Bürger zu haben.«

Ja, ja. Er mag schon überzeugend klingen, so ein Gedanke. Aber wahr ist auch: Wer ihn als Politiker immerfort denkt, den verändert er.

In Europa können sich die Akteure dabei seit 1957 auf einen unverrückbaren Obersatz beziehen. Immer wahr und von niemandem in Frage gestellt, hieß er: Nie wieder Krieg! Dann: Interessenausgleich zwischen Frankreich und Deutschland! Später: Wiedervereinigung des Kontinents! Wer unter diesen Obersätzen Opposition sein will wie in einem nationalen Parlament üblich, gerät schnell in den Ruf, das Große, Gute und Ganze zu gefährden. Deshalb steht überparteilicher Konsens im Europa-Parlament prinzipiell höher im Kurs als Profilierung von Lagern – auch wenn immer weniger Bürger sich davon beeindrucken lassen, weil immer weniger Bürger einen Krieg in Europa noch für möglich halten.

Was den Europa-Politikern das »europäische Friedenswerk« ist, das ist den nationalen Akteuren immer öfter der »Sachzwang«. Denn was tut ein Politiker, wenn er meint, auf Wähler zu treffen, die seine Erklärungen nicht verstehen? Er tut etwas, das er nicht erklären muss, oder etwas, das sich selbst erklärt. Auf den ersten Blick sieht das aus wie die Selbstentmündigung einstmals frei gestaltender Politik. In Wahrheit ist es eine Selbstermächtigung, die sich mit überlegener Sachkenntnis rechtfertigt, welche die Politiker ja tatsächlich für sich in Anspruch nehmen können. Es ist der Versuch, sich als System autonom zu machen, die mühsame Kommunikation mit dem unverständigen Wähler objektiv überflüssig zu machen, weil man nicht mehr darüber nachdenken muss, was wer *will*, wenn man stattdessen sagen kann, was wir alle *müssen*. Es ist zugleich der gut geübte Ausweichschwung herum und vorbei am heiklen Wort von »Führung« – die selbst von jenen nur höchst ungern reklamiert wird, die fürs Führen gewählt wurden in unserer repräsentativen Demokratie. Nach diesem Muster wurde mit »Sachzwang« und »objektiver Notwendigkeit« auch in der Vergangenheit oft Politik gemacht, inzwischen aber immer öfter.

Einen ersten Höhepunkt im neuen Jahrtausend markierte Gerhard Schröder: Die unangenehmen Sozialstaatsreformen seiner Agenda 2010 rechtfertigte er mit der immergleichen Einleitung: »Wir müssen leider.« Wegen der Globalisierung, wegen der leeren Versicherungskassen, wegen der Überalterung Deutschlands. In der Sache hatte Schröder zweifellos

Recht, weshalb sich auch die damalige Opposition nicht entziehen mochte, im schwarz-gelb beherrschten Bundesrat mitzumachen. Und objektiv Recht zu haben, reichte Schröder. Deshalb »kommunizierte« er seine Vorgaben regelmäßig mit einem krachenden »Basta«, gern in Richtung seiner eigenen Partei, manchmal aber auch an die Adresse der beglückten bis bedrückten Bürger.

Die kombinierte Finanz- und Wirtschaftskrise gibt, zweiter Höhepunkt, den Verantwortlichen bis heute gleich reihenweise Totschlagsargumente an die Hand: die »systemische Krise des Bankensektors«, »die Zukunft Europas« oder ganz allgemein die »schwerste Wirtschaftskrise seit dem Zweiten Weltkrieg« – gleichsam Basta alles. So wurden Entscheidungen im Eilverfahren durch das Parlament und die Öffentlichkeit gezogen, die bei der Bankenrettung mehrere Hundert Milliarden Euro an Bürgschaften nötig machten und bei der Griechenland/Euro-Krise über 150 Milliarden Euro für einen oder mehrere quasi bankrotte Staaten an der EU-Peripherie, die ein Jahrzehnt lang massiv über ihre Verhältnisse gelebt hatten.

»Alternativlos« avancierte zur politischen Erklärvokabel Nummer Eins, zur Generalermächtigung atemberaubender Eilgesetzgebung und aberwitziger Kurswechsel. Binnen 14 Tagen im Frühsommer 2010 revidierte die FDP ihre zentralen Positionen bei Steuersenkung und Finanzmarktregulierung. Und auch die CDU mit ihrer Kanzlerin-Parteichefin an der Spitze drehte Pirouetten; aus »Mutti« Merkel wurde Kanzlerin »Tina« (für: there is no alternative). »Alternativlos« war die Bankenrettung, »alternativlos« die Rekordverschuldung, »alternativlos« war die Griechenland-Absicherung, »alternativlos« auch der 750-Milliarden-Rettungsssschirm (inklusive IWF-Mittel) für den Euro und die beginnende Haushaltssanierung ab 2011.

Dieser Sachzwang total machte manchen der Regierenden zuweilen sogar regelrecht besoffen. Was sagte der ansonsten so besonnene und souveräne Regierungssprecher Ulrich Wilhelm in einer Pressekonferenz zum »Rettungsübernahmegesetz« (das Enteignungen von Banken zeitweilig ermöglichte): »Im Notfall muss der Staat sich durchsetzen können.« Das ist meilenweit von Fritz Sterns Mahnung entfernt, Politik müsse »erklärte Vernunft« sein – und umso näher bei Carl Schmitt, dem umstrittenen Vordenker des Notstands, in dem nicht wenige den »geistigen Quartiermacher« der Nazis sahen und sehen. »Die Ordnung muss hergestellt sein, damit die Rechtsordnung einen Sinn hat«, schrieb Schmitt in seiner »Politischen Theologie«. Werden im Ausnahmezustand Entscheidungen getroffen, erübrige sich die (politische) Frage nach ihrer Richtigkeit. »Dass es die zuständige Stelle war, die eine Entscheidung fällt, macht die Entscheidung (…) unabhängig von der Richtigkeit ihres Inhaltes«. Souverän ist für Schmitt im konkreten Fall die Instanz, die über den Ausnahmezustand befindet, ihn erklären, vermeiden oder beenden kann. Und noch etwas schreibt Schmitt, und es klingt fast, als sei es fürs Stammbuch der Regierungen zwischen 2008 und 2011 gewesen: »Die Ausnahme ist interessanter als der Normalfall. Das Normale beweist nichts, die Ausnahme beweist alles; sie bestätigt nicht nur die Regel, die Regel lebt überhaupt nur von der Ausnahme. In der Ausnahme durchbricht die Kraft des wirklichen Lebens die Kruste einer in der Wiederholung erstarrten Mechanik« (»Politische Theologie«).

Nun unterstellt niemand den Bundesregierungen und schon gar nicht dem damaligen Regierungssprecher, sie liebäugelten mit Notstandsvollmachten à la Carl Schmitt. Aber im kleinen Kreis leugnet kaum ein Politiker, dass die schwerste Wirtschaftskrise der Nachkriegszeit die Geschäftsbedingungen für Politik in Deutschland nachhaltig verändern könnte: entweder in Richtung einer tiefen Krise der Demokratie, wenn die Politik diese Krise »doch nicht in den Griff kriegt und die Menschen anfangen, ganz grundsätzlich am System zu zweifeln«. Oder aber wenn die Politik die Lage mit Bravour meistert – und so schnell nicht mehr von der einmal erworbenen Machtfülle Abstand nehmen mag: Von allen im Turbotempo beschlossenen Anti-Krisen-Gesetzen waren nur die Abwrackprämie und das Enteignungsgesetz klar befristet.

Und was zunächst die drohende Kernschmelze der Bankenwirtschaft war, dann in die drohende Staatspleite südlicher Euro-Staaten mündete, wird der Bevölkerung unter dem Doppelimperativ »Wachstum-Jobs« erhalten bleiben: das Denken und Reden in der Kategorie »alternativlos«. Denn nur Wirtschaftswachstum kann die Staatsfinanzen sanieren, durch Mehreinnahmen auf der einen Seite und Minderausgaben der Sozialkassen auf der anderen.

»Die Leute wollen nicht Erklärungen sondern Lösungen«, denkt Kanzlerin Angela Merkel wohl gern, mitten im Trubel von Bankenrettung, Euro-Krise, Wiederaufschwung. »Die Leute wollen das Problem von der Hacke haben oder die Sicherheit, dass sie es demnächst von der Hacke haben.« Mit dieser Attitüde steht sie beileibe nicht allein. Es scheint, als hätten viele Politiker, gerade solche aus der ersten Reihe in Berlin, insgeheim eine Art Geschäft abgeschlossen, von dem der Geschäftspartner auf der anderen Seite der Wahlurne freilich nichts weiß. Das geht sinngemäß so: »Ihr Bürger müsst nicht alles verstehen. Ihr dürft mich sogar manchmal verachten. Aber dann brauche ich euch auch nicht ständig erklären, was wir gerade tun und beschließen.« Nach dem, was die Amerikaner »explainer in chief« nennen, rufen in Deutschland meist nur die Leitartikler.

So lässt es sich leben, oder? Schon Max Weber sah es einmal aus dieser Perspektive des Politikers: »Nur wer sicher ist, dass er daran nicht zerbricht, wenn die Welt von seinem Standpunkt aus gesehen zu dumm oder zu gemein ist für das, was er ihr bieten will, dass er all dem gegenüber: ›dennoch‹ zu sagen vermag, nur der hat den ›Beruf‹ zur Politik.«

»Ein Drittel Irre ist immer dabei«

Jeder Bundestagsabgeordnete hat so eine Geschichte, wirklich jeder. Und wenn man als Journalist mit der Hand auf dem Herzen verspricht, sie nicht mit Name und Ort weiterzugeben, dann wird sie auch erzählt. Zum Beispiel diese von der gut gekleideten Dame, die in der Bürgersprechstunde »ihre« Bundestagsabgeordnete bat, für sie doch bitte einen Kontakt zu einem bestimmten saudischen Kronprinzen herzustellen. Denn diesen Prinzen habe sie vor 30 Jahren kennengelernt, und er versuche seither bestimmt, sie in Deutschland zu erreichen. Und außerdem, sagte die Dame, werde sie deswegen vom saudischen wie vom deutschen Geheimdienst in ihrer Wohnung abgehört. Worauf die Abgeordnete nach einigem Hin und Her ihr ziemlich launig riet: »Stellen Sie sich doch ins Wohnzimmer und rufen laut nach dem Prinzen, das kommt auf dem Dienstweg ganz bestimmt an.« Worauf die Dame antwortete: »Das mache ich doch schon jeden Abend. Wenn das geklappt hätte, säße ich doch nicht hier bei Ihnen, Frau …«

»Politik zieht Irre an wie das Licht die Motten«, sagen Politiker, die von Wahlkampfveranstaltungen am Infostand zurückkommen, aus ihren Bürgersprechstunden plaudern oder in der »Abteilung Kurioses« ihrer Postmappe stöbern. Die allermeisten von ihnen meinen es nicht böse, erzählen in einem Ton eher belustigter Resignation: »Es gibt so viele Leute, die niemanden mehr zum Reden haben.« Zum Beispiel jene ältere Frau, die sich am Wahlkampfstand der »Piraten-Partei« deren Ein-Punkt-Programm grenzenloser Freiheit im Internet erklären ließ. Am Ende eines längeren

Gespräches nickte sie freundlich interessiert, so wird in Berlin erzählt, steckte das Info-Material ein und sagte im Weggehen: »Aber das, was ihr da vor Somalia macht, das finde ich gar nicht gut.« Vor Somalia hatten einheimische Piraten gerade wieder ein westliches Handelsschiff gekapert. Soll man lachen oder weinen?

Mehrere hundert Briefe, Anfragen und Mails kriegt ein prominenter Abgeordneter im Monat, heißt es. Immerhin noch um die 150 ein Neuling im Bundestag und das Doppelte, wenn wirklich wichtige Beschlüsse anstehen. In den letzten Jahren, so berichten Abgeordnete aller Parteien, sei der Ton der Zuschriften »fordernder und unfreundlicher geworden«. Beim Bier in der Parlamentarischen Gesellschaft gegenüber vom Reichstag erzählen sie mit schiefem Grinsen, wie sie sich von ihren Wahlkreisbürgern einspannen lassen (müssen): bei der Suche nach einem Arbeitsplatz, wenn Beistand geleistet werden muss im Nachbarschaftsstreit über die Höhe des Jägerzauns, ja, selbst wenn es um Karten für das Silvesterkonzert der Berliner Philharmoniker geht. »Für Simon Rattle, drei Karten, bitte!«, hieß es am Telefon. »Das war vielleicht ein Gerenne. Simon Rattle! Berliner Philharmoniker! Was man nicht alles tut ...«

Politik zieht aber auch die Hasserfüllten, die vermeintlich zu kurz Gekommenen an. Die sich ihr Leben lang zurückgesetzt fühlen, immerzu gedeckelt. Die ihre Fäuste wild schütteln, an Theken und in Salons schwadronieren oder jene unflätigen Briefe schreiben, in deren rechtes oberes Eck Franz Müntefering zum Beispiel ein »A« kritzelt. »Das könnte für Ablage stehen«, erzählte der Ex-SPD-Chef einmal. »Aber man könnte es auch anders lesen ...« Längst nicht mehr die Ausnahme sind wüste Beschimpfungen gegen alles Politische und alle Politiker, die auf »unsere Kosten« immer nur den Falschen »Zucker in den Ar... blasen«, aber rein gar nichts für die wahre Mehrheit im Land tun, die bittere Not leidet. Schnell ist in diesen Briefen die Grenze zur offenen Drohung (»an die nächste Laterne ...«) überschritten, den Tatbestand von Beleidigung erfüllen sie allemal. »Die Distanzlosigkeit hat deutlich zugenommen«, sagt Philipp Rösler, qua Amt als Gesundheitsminister einer der unbeliebtesten Politiker im Land. Gleichwohl müssen die Absender Folgen fast nie fürchten, denn Politiker haben ein dickes Fell.

Wichtiger ist denn auch die Frage, ob dieses Dauerfeuer einen Politiker in seinem Denken und Handeln nachhaltig beeinflusst. Ob es in das Bild der Politiker von »den Bürgern« und von Deutschland insgesamt eingeht oder nicht. Tatsache ist: Es wächst die Zahl derer, denen es die Vervielfachung des Medienangebotes ermöglicht, »ein Leben zu führen, ohne je mit Politik in Berührung zu kommen«, wie ein erfahrener Bundestagsabgeordneter sagt. »Mit ARD und ZDF allein war das eben ganz anders.« Mehr noch: Quer durch alle Bildungs- und Einkommensschichten wächst die Zahl der Einpersonen-Haushalte, in denen es fürchterlich still und einsam sein kann.

Und schließlich wird eine wachsende Gruppe von Menschen sichtbar, die mit der stetigen Beschleunigung des Alltags nicht mehr Schritt hält und in eine eigene Welt abdriftet. Von diesen Menschen bekommen Politiker mehr zu sehen als andere Berufsgruppen im Land, Taxifahrer und Allgemeinärzte vielleicht ausgenommen. Denn Politik vor Ort ist eben immer auch soziale Wärmestube. »Guck mal, und die dürfen auch alle wählen ...«, sagte ein rasant in Spitzenämter aufgestiegener Nachwuchspolitiker Niedersachsens einmal bei einer entsprechenden Gelegenheit aus dem Mundwinkel. Die allermeisten Politiker reden von solchen Erlebnissen entweder mit echter Betroffenheit oder mit mühsam unterdrücktem Grinsen. Bei der politischen Diagnose grinst dann freilich keiner mehr: Ein bestimmter Teil der Gesellschaft ist mit keinem Mittel, das der Politik zur Verfügung steht, mehr zu erreichen. Ein bestimmter Teil der Gesellschaft hat in einer nicht mehr rückgängig zu machenden Weise mit dem öffentlichen Leben abgeschlossen, ohne selbst auch nur den Wunsch artikulieren zu können, wieder eingeschlossen zu werden. Es sind nicht unbedingt alles Verlierer, bestimmt aber verlorene Menschen, und sie werden eher mehr als weniger. So sehen es die meisten der Politiker, die darüber zu reden bereit sind. Man kann ihnen aber kaum vorwerfen, dass sie keine Abhilfe wissen, dass sie den Status quo akzeptieren und sich lieber anderen Problemen widmen. Ja, man kann sogar nachvollziehen, dass manch einer der Bundestagsabgeordneten es so sieht wie ein prominenter CDU-Parlamentarier aus dem Merkel-Führungskreis: »So bedauerlich eine sinkende Wahlbeteiligung ist: Was wäre eigentlich für eine im besten Sinne staatstragende Politik gewonnen, wenn diese Gruppe tatsächlich noch wählen ginge – und dann für den erstbesten Hokuspokus stimmen würde?«

»Die Deutschen wollen keine Reformen«

Von dem Moment, in dem sich das Bild des reformscheuen, ängstlichen Deutschen in der Union (und mittelbar auch in anderen Parteien) vollends verfestigte, gibt es ein Foto. Aufgenommen hat es die Berliner Fotografin Laurence Chaperon, aber es wäre wohl nie gedruckt worden, wenn es nach ihrer guten Bekannten, der späteren Kanzlerin, gegangen wäre. Es zeigt nämlich Angela Merkel kurz nach 18.00 Uhr am 18. September 2005 in der Vorstandsetage der CDU-Zentrale in Berlin. Vor einer Batterie von TV-Geräten, die von der Decke hängen, steht Merkel. Den Kopf zurückgelegt, das Gesicht versteinert. Was sie auf den Schirmen verfolgt, ist das desaströs schwache Abschneiden von CDU und CSU, ihr politischer Beinahe-Untergang. Diese ersten Hochrechnungen und Ergebnisse der Bundestagswahl sind die Quittung eines (vermeintlich) reformmüden Wahlvolkes für Merkels reformfreudigen Wahlkampf. Und auf ihrem Gesicht kann man in diesen Minuten schon lesen, was der damalige CDU-Generalsekretär Ronald Pofalla wenig später im kleinen Kreis mehr knurren als laut aussprechen wird: »Nie wieder! Diese Deutschen wollen keine Reformen.«

Die einen, etwa bei der Linkspartei oder bei der CSU, haben das schon immer so gesehen, weil es ihnen schon immer recht war: Sie sind strukturkonservativ und an Reformen fürchten sie naturgemäß die Infragestellung des Bestehenden. Davor wollen sie ihre Wähler bewahren, weil sie glauben, dass maximale Fürsorge maximale Zustimmung sichert. Auf sie trifft das Wort von der »Tyrannei der Besitzstände« zu, der sie sich fröhlich unterwerfen. Den anderen, bei SPD, CDU, FDP und Grünen, ist es dagegen nicht unbedingt recht, dass Reformen ganz generell in Misskredit stehen. Hinter vorgehaltener Hand erzählen Vertreter dieser Parteien gern, was man alles ändern müsste in Deutschland, von Grund auf, radikal, wenn »man nur könnte und nicht gleich abgestraft würde«.

Manche Politiker hadern sehr ernsthaft damit, andere kokettieren nur, aber weitgehend abgefunden haben sie sich alle. »Reformer« möchte sich in Deutschland kaum ein namhafter Politiker mehr nennen lassen, von Friedrich Merz und einigen wirklich hart gesottenen Liberalen vielleicht abgesehen. Merz landete nach besagtem Wahlabend 2005 mitsamt seiner »Bierdeckel-Steuerreform« im politischen Schmollwinkel. Jürgen Rüttgers, ehemaliger »Arbeiterführer« in der CDU, ist auch nach seiner Wahlniederlage überzeugt, dass die Bürger unter »Reformen« nur noch »Kürzung oder Einschnitte« verstehen, wie er im kleinen Kreis gern dozierte. Und die schwarz-gelbe Bundesregierung hat bis heute beinahe alles unterlassen, was als Wende weg vom allzuständigen Fürsorgestaat verstanden werden könnte. Im Gegenteil: Als ob sie den Titel »Reform-Koalition« fürchten würden, erhöhten Union und FDP gleich zu Beginn der Amtszeit das Kindergeld; im weiteren machten sie früh schon erhebliche Abstriche bei ihrer geplanten Gesundheitsreform, und ob die Steuerreform irgendwann einmal ihren Namen wirklich verdienen wird, steht in den Sternen. Erst im »Herbst der Entscheidungen« (Angela Merkel) begann Schwarz-Gelb zaghaft, sich von Schwarz-Rot zu unterscheiden. FDP-Chef Guido Westerwelle wird gewusst haben, warum er Außenminister wurde und nicht Reformminister für Wirtschaft, Freiheit und Zukunft. SPD und Grüne wiederum haben von der Reformagenda 2010 die Nase gründlich voll, und die Sozialdemokraten sind inzwischen auch von der größten Reformtat der großen Koalition abgerückt, von der Rente mit 67.

Kurzum: Reform ist ein verbranntes Wort in Deutschland, meinen zumindest die allermeisten Politiker. Stellvertretend sei der erfahrenste aller Bundesminister zitiert, Wolfgang Schäuble: »Das hat die Politik zu respektieren. Wenn es konkret wird, wollen die Leute eher mehr als weniger öffentliche Leistungen.«

Auf den ersten Blick spricht in der Tat erdrückend viel demoskopisches und statistisches Material dafür, dass die große Mehrheit der Bürger reformverdrossen und träge ist. Und wie zahllose andere Untersuchungen kommt auch eine aufwändige Studie der Friedrich-Ebert-Stiftung zu dem Schluss: »Reform wird heute gleich gesetzt mit dem Griff ins Portemonnaie.« 57 Prozent der Bürger sind reformskeptisch, 35 Prozent wollen eine Reformpause und 22 Prozent fordern eine Rücknahme von Reformen der vergangenen Jahre. Unter SPD- und Linke-Wählern sind die Zahlen naturgemäß noch wesentlich höher. Einen wichtigen Hintergrund dafür liefert das so genannte sozioökonomische Panel (SOEP). Es untersucht regelmäßig seit 1984, welche Spuren die Arbeitslosigkeit im kollektiven wie im individuellen Gemütszustand der Deutschen hinterlässt, und kommt zu dem Ergebnis: Selbst wenn ein von Arbeitslosigkeit Betroffener später wieder einen Job findet, erreicht er nie mehr jenes Maß an persönlicher Zufriedenheit, das er vor seiner Arbeitslosigkeit hatte. Heißt: Das Gefühl von grundlegender Verunsicherung steckt den Leuten auch im Aufschwung noch in den Knochen.

Dieser Umstand führe, so die SOEP-Forscher, zu einer »Ungleichheitsaversion der Deutschen« – und das ist der springende Punkt: Ob es die Politiker nur zugelassen oder es mit allzu viel Reform- und Anti-Staat-Gerassel von der Talkshow-Sesselkante in den 90er Jahren selbst herbeigeführt haben: Reformen gelten in Deutschland als Motor, der Ungleichheit antreibt; als wahrer Grund, warum die Schere zwischen Oben und Unten auseinander geht. So wird Reform zum Gegenteil von Gerechtigkeit. Gegen diese Vorstellung müsste die Politik erst einmal anarbeiten.

Aber sie will es gar nicht mehr. Beispiel große Steuerreform: Erfahrene Finanzpolitiker können in einem Satz erklären, warum sie immer scheitern oder Schulden bringen. O-Ton: »Eine aufkommensneutrale Steuerreform geht nicht, außer man will politischen Selbstmord begehen. Denn die dabei netto Belasteten kritisieren das Vorhaben wesentlich lauter und nachhaltiger als die netto Entlasteten.« Oder, wie es CSU-Urgestein und Ex-Wirtschaftsminister Michel Glos launig formuliert: »Auch wenn der Wähler nichts hat, Bedenken hat er immer.« Nach der Wirtschaftskrise fehlt nun erst recht der Spielraum, um die große Mehrheit zu entlasten. Selbst sinnvolle Steuervereinfachungen kommen so auf die lange Bank.

Das führt zur grundsätzlichen Frage: Wann überhaupt könnte es in Deutschland noch (freiheitliche) Reformen geben, die offen angekündigt werden und den Namen auch verdienen? Nicht in der Krise, weil die Menschen in solchen Phasen »nicht weiter verunsichert werden dürfen«, wie in allen Parteien mehr oder minder deutlich zu hören ist. Aber, leider, leider, im Aufschwung auch nicht. Dann nämlich gilt der Satz, den Kurt Beck in seiner Zeit als SPD-Vorsitzender prägte: »Immer langsam mit de Leut'.« Kanzlerin Merkel und große Teile der CDU sehen es ähnlich. Im Aufschwung rieten die Ordnungspolitiker zwar zu Reformen, sagt Angela Merkel. Aber das sei grundfalsch. »Die Leute wollen auch mal ihre Ruhe.« Vor allem aber wollen sie Sicherheit. Wenn längst nicht mehr die Mehrheit der Deutschen auch nur an die Möglichkeit von Aufstieg durch Leistung glaubt, wenn sich im unteren Drittel also »Statusfatalismus« (Renate Köcher, Allensbach) breit macht, dann rangiert die Angst vor sozialem

Abstieg folgerichtig ganz oben auf der Sorgenliste der Deutschen. Das »Gefühl von Sicherheit« ist für 64 Prozent der Deutschen das wichtigste Motiv, warum sie sparen und auf Konsum verzichten. Mehr denn je gilt das im immer noch spürbaren Nachbeben der Agenda 2010. Ex-Arbeitsminister Olaf Scholz (SPD) ist sich sicher, dass die Menschen an Hartz IV nicht so sehr das niedrige Leistungsniveau, ausgedrückt in Euro pro Monat, fürchteten. Vielmehr habe der ansonsten wenig beachtete »Wegfall des Berufsschutzes« im Gesetz eine enorm verunsichernde Wirkung, weil er die Betroffenen zwinge, Arbeit auch unterhalb ihrer eigentlichen Qualifikation anzunehmen. Scholz: »Das lässt auch Millionen Leute zittern, die aller Wahrscheinlichkeit nach nie in Kontakt mit Hartz IV kommen werden.« Denn Arbeit, der Arbeitsplatz, ist in Deutschland nun einmal gleichbedeutend mit Selbstwertgefühl und Selbstbewusstsein. Schon bei Schiller heißt es: »Arbeit ist des Bürgers Zierde. Segen ist der Mühe Preis.«

So entstand eine »nervöse Gesellschaft«. Und die Antwort der ebenso nervösen Parteien darauf heißt mehr denn je: »Wir bieten Sicherheit. Wir sind Mitte.« Weil »Mitte« nicht spalten kann. Weil »Mitte« Vernunft suggeriert, Zusammenhalt, Augenmaß und vor allem eben: Sicherheit. SPD-Chef Sigmar Gabriel sagt: »Die Menschen sind zutiefst verunsichert und sehnen sich nach dem Ort, wo sich nichts ändert. (…) Selbst das, was schlecht ist, soll so bleiben, wie es ist.« Sogar die Grünen sind auf ihrer Suche nach der Mitte. Robert Habeck, Fraktionschef in Schleswig Holstein, sagte jüngst: »Die Gesellschaft hat sich hin zu den Grünen verschoben. Mit unseren Themen und Methoden befinden wir uns deshalb mittlerweile im Zentrum der Gesellschaft.«

Neu ist dieses Streben nach Mitte nicht. Man kann sogar

(wie der Historiker Eckart Conze) die gesamte Geschichte der Bundesrepublik als eine einzige »Suche nach Sicherheit« lesen und beschreiben. Nicht umsonst war der Begriff seit jeher gesetzt auf den großen Plakaten der Bundestagswahlkämpfe. Konrad Adenauer, Willy Brandt, Helmut Kohl und Gerhard Schröder – sie sind alle unter dieser Flagge gesegelt. Das heißt nicht, dass sich alle Parteien in der Sache und ihren Konzepten unweigerlich immer ähnlicher werden, wohl aber im Sound, in der Grundmelodie, auf der sie ihre unterschiedlichen Akzente setzen. Sie alle eint die Angst vor den Ängstlichen. Und die werden in einer alternden Gesellschaft bestimmt nicht weniger.

Der Politiker, der davon ausgeht, dass die Deutschen diesem Bild entsprechen, wird von »durchregieren« nicht mehr laut reden. Deshalb ist es vielleicht ein Zufall, aber ein bezeichnender, dass der erste Beschluss der schwarz-gelben Koalition eine Änderung bei Hartz IV war: Schonvermögen rauf. Das betraf zwar lediglich 0,2 Prozent aller Hartz-Fälle, aber verhieß dennoch ein großes Plus an Sicherheit für jene Millionen Mittelschichtswähler, die sich vor Jobverlust und Sozialabstieg fürchten, konkret: vor Verlust ihrer Kapitallebensversicherungen und vor Zwangsverkauf ihres längst nicht abbezahlten Eigenheims.

Sachsens Ministerpräsident Stanislaw Tillich, selbst Verhandler für die CDU bei Wirtschaft und Arbeitsmarkt, wunderte sich über die Koalitionsgespräche: »Kündigungsschutz, betriebliche Bündnisse, Mitbestimmung – alles, was die FDP an Reformen wollte, hat sie in den Verhandlungen angetippt und dann beim ersten Anzeichen von Widerstand aufgegeben.« Sollte heißen: Auch die anfangs so selbstbewusst sich gebende FDP kuschte vor einem Bürger, dem sie unterstellte, er hege tatsächlich jenes Misstrauen gegen Schwarz-Gelb, das die Sozialdemokraten im Wahlkampf herbeizureden versucht hatten. Dabei hatten die Liberalen (und mit ihnen die Union) offenbar ihren eigenen Wahlsieg vergessen, der ja überraschend deutlich bewies, dass sich die Mehrheit dieses Misstrauen eben nicht hatte einreden lassen. Kurzum: Noch nicht einmal aus einer Position der Stärke heraus trauten sich die Schwarz-Gelben, Reformen anzukündigen geschweige denn entschlossen anzugehen. Dass sich daran in den Jahren 2011/12 noch einmal grundsätzlich etwas ändert, ist angesichts der vielen Landtagswahlen nicht wirklich wahrscheinlich. Außer der (überfälligen) Aussetzung der Wehrpflicht und der Verlängerung der Atomlaufzeiten ist der schwarz-gelben Regierung an Strukturreformen nicht viel gelungen. So kann man Politik auch beerdigen.

Denn eine Frage wird ja gar nicht mehr gestellt: Stimmt es wirklich, dass die Deutschen in ihrer breiten Mehrheit Reformfeinde sind und Freiheitsverächter dazu? Stimmt, was wie viele andere auch der Publizist Wolfgang Herles schreibt: »Freiheit, die nicht missbraucht werden kann, ist keine Freiheit. Dieser Utopie aber hängen die Deutschen nach. Im Zweifel verzichten sie.«

Dabei gehört zum ganzen Bild auch diese Wahrheit: Dafür, dass die Deutschen gemeinhin als reformfeige gelten, haben sie schon eine ganze Menge Reformen mitgemacht. Die im Osten vor 20 Jahren zum Beispiel die Totalreform ihres Lebens, ganz gleich an welcher Stelle sie gerade standen, ganz gleich, welchen Alters sie waren, als die Mauer fiel. Auch die Westdeutschen haben große Reformen hinter sich: das Ende des heimeligen rheinischen Kapitalismus in der gesichtslos kalten Globalisierung; die deutsche Wiedervereinigung mit einer Neuzentrierung der Republik auf Berlin, was die Provinz nun tatsächlich zu Provinz machte; den Euro und mit ihm den Abschied vom nationalen Aufstiegsstolz auf die D-Mark; das gar nicht so schleichende Ende der gesetzlichen

Rente als auskömmliche Altersversorgung mit dem einhergehenden Zwang zur privaten Vorsorge; eine ganze Reihe mittlerer Reformen bei Arbeitsmarkt und Unternehmen, die Deutschlands Wirtschaft vom EU-Schlusslicht wieder zur Wachstumslokomotive gemacht haben. Dazu die Agenda 2010: Die vielleicht größte einzelne Sozialreform der Nachkriegsgeschichte hat die Beschäftigungsverhältnisse durcheinander gewirbelt, einen Niedriglohnsektor (wie in den USA) geschaffen und so auch dazu beigetragen, dass heute jeder zweite Deutsche nicht in dem Beruf arbeitet, den er ursprünglich erlernt hat.

Und eines ist auch klar: Bei der einzigen Wahl des Jahres 2010 zahlte sich Reformvermeidung nicht aus. Die schwarzgelbe Koalition in Berlin hatte es für weise gehalten, von Herbst 2009 bis zur Landtagswahl in Nordrhein-Westfalen im Frühjahr 2010 möglichst wenig Streitbares zu unternehmen – und überzeugte die Wähler damit auch nicht. »Der zaghafte, stolpernde Anfang war unser größter Fehler«, sagen nicht nur viele FDP-Abgeordnete heute. »Wir haben die Leute unterschätzt.« All' das erlaubt mindestens folgende Frage: Sind die Deutschen in Sachen Reformen vielleicht doch besser als ihr Ruf? Oder, wie *Titanic* titeln würde: »Schlimmer Verdacht: Wähler doch nicht blöd?!«

Wie nun weiter? Mit den allerbesten Absichten weiter schleifen an den Hartz-Gesetzen, bis aus Fördern und Fordern (wieder) Freibier für alle wird? Nie wieder richtige Reformen, nie wieder Anpassung Deutschlands an eine Welt, die sich beständig, vielleicht sogar immer schneller, verändert? Nein. Was immer Regierung und Opposition über die Deutschen denken mögen: Über Wohl und Wehe der zweiten Kanzlerschaft Angela Merkels wird nach Ende des Krisenmanagements eben doch entscheiden, ob sie Reformen durchsetzt – Bundesrat hin oder her. Bei Gesundheit, Steuern,

Arbeit, Integration: Das Feld ist weit. Die Blaupause, wie es geht, hat die Kanzlerin bereits: die Modernisierung ihrer eigenen Partei. Die CDU ist in hochsensiblen Bereichen heute eine komplett andere als noch vor fünf Jahren, besonders bei Familien- und Integrationspolitik. Reform hat das die Chefin nicht genannt, geglückt ist es trotzdem. Die Veränderung verlief nämlich weitgehend lautlos, ohne aufreibende Debatten, nicht von unten nach oben, sondern von oben nach unten. In einem der klügsten CDU-Bücher der letzten Jahre kommt Autorin Mariam Lau zum Schluss: »Zur CDU gehörte von Anfang an die Bereitschaft, auch die radikalsten Innovationen noch als Tradition umzudeuten.«

Diese Strategie hält die Kanzlerin auch fürs Regieren geeignet. »Die Leute wollen nicht das Hin und Her über die Wege verfolgen«, glauben Angela Merkel und ihre wichtigsten Strateginnen. »Selbst von einer Revolution wollen die Deutschen am liebsten erst im Nachhinein benachrichtigt werden.« Diese Denke reicht zurück bis zum ersten Reichskanzler Otto von Bismarck und dessen Wort: »Je weniger die Leute wissen, wie Würste und Gesetze gemacht werden, desto besser schlafen sie.«

Gestützt wird die Einschätzung durch die Analyse der Fehler, die beim öffentlichen Vermitteln der Reformagenda 2010 gemacht wurden. Bezeichnenderweise soll der damalige SPD-Parteichef Franz Müntefering die Studie der CDU-Chefin Angela Merkel mit den Worten überreicht haben: »Das geht euch auch an.« Der Politologe Otto Neugebauer zieht aus der Studie einige Lehren, die wichtigste: »Die Erläuterung von Reformdetails führt nicht zu mehr Akzeptanz, sondern verstärkt eher die gegebenenfalls vorhandene Ablehnung.« Je mehr die Politik sperrige Details zu erklären versuche, umso mehr entstehe bei den Bürgern der Eindruck: »Das ist derart kompliziert, das kriegen die nie hin.« Das viel beschworene »Mitnehmen der Menschen« wäre demnach doch nicht das allein seligmachende Verfahren. Hieße, und banaler geht es kaum: Die Deutschen sind offen für Reformen, solange man ihre notorisch skeptische Phantasie, ihre Bangigkeit nicht mit donnernden Ankündigungen weckt – solange Reformen nicht Reformen heißen.

»Alles Schlawiner und Schnäppchenjäger?«

Sonntagsreden und ganzseitige Aufsätze sind das eine. Die Realität das andere. Roland Koch, CDU, beschrieb in der *Frankfurter Allgemeinen* einmal sein (offizielles) Bild vom Bürger, auf dem seine Programmatik gründe: »Diese Ordnung erfordert einen Staat, der stark ist und sich zugleich beschränkt, und sie baut auf Menschen, die ihre Freiheit lieben und nutzen, ohne die Grenzen von Moral und Anstand zu überschreiten.« Das findet sich so oder so ähnlich auch im Programm manch anderer Partei. Wie schön, nicht wahr? Vermutlich viel realitätsnäher ist aber dieser Satz von Erwin Huber, der ihm in einem nicht ganz kontrollierten Moment herausgerutscht sein mag: »Bei uns ist der Steuerspartrieb stärker als der Sexualtrieb und leider auch als der Fortpflanzungstrieb.« Oder dieser Satz von Kanzleramtsminister Ronald Pofalla: »Die Deutschen sind wie die Hamster. Sie klettern noch für die letzte Nuss auf den obersten Ast am Baum.« Nota bene: Ähnliche Lücken zwischen offizieller Programmatik und lebensnaher Einschätzung der Realitäten ließen sich auch bei anderen Parteien nachweisen.

Man muss es gewiss nicht so weit treiben wie die Steuerhinterzieher-Millionaros, die ihren Reichtum in der Schweiz oder im Briefkastentum Lichtenstein verstecken und nur »Reue« zeigen, wenn bei ihrer Bank verräterische Kontodaten geklaut werden. Am anderen Ende der Skala muss man es auch nicht so weit treiben wie Arno Dübel, »Deutschlands frechster Arbeitsloser«, seit weit mehr als 30 Jahren arbeitslos und nicht nur bester Laune, sondern auch noch entwaffnend dreist mit der Frage: »Warum soll ich arbeiten, ich krieg doch genug von den Deppen, die noch arbeiten gehen.« Das ist nicht repräsentativ, nein. Dennoch haben die Politiker aller Parteien einen extrem nüchternen Blick auf die Steuerehrlichkeit der sehr gut Betuchten und auf ein System staatlich administrierter Sozialversorgung, das mit seinen Anreizen nicht wenige zur mutwilligen Selbstbedienung einlädt. Wobei diese Politiker je nach Parteifarbe Ersteres mehr aufregt als Letzteres – oder umgekehrt.

Und manchmal staunen die Politiker auch über die vermeintlich ausgeglichene Mitte der Gesellschaft, zum Beispiel während des Runs auf die Altauto-Abwrackprämie. Denn die Abwrackprämie war ja nicht in erster Linie an leicht verlockbare Teile des Hartz-IV-Prekariats in Deutschland adressiert, sondern als eine klassische Mittelschichtssubvention konstruiert. Zur Erinnerung: Zunächst war die staatliche Verschrottungsprämie (2500 Euro) auf 600 000 Fahrzeuge angelegt, auf insgesamt 1,5 Milliarden Euro Gesamtvolumen. Denn, so die plausible Rechnung der Regierungsplaner, mehr Fahrzeuge gebe es ja nicht, die älter als neun Jahre seien und einen Restwert von nicht mehr als 2500 Euro hätten. Doch bereits am ersten Wochenende nach der offiziellen Bekanntgabe ließen bei der hoffnungslos überforderten Behörde (dem Bundesamt für Wirtschaft und Ausfuhrkontrolle) 269 000 eingehende Anrufe die Telefonanlage zusammenbrechen. Politiker aller Parteien rieben sich die Augen. Besonders jene von CDU und CSU, die anfangs die Prämie als Unfug bezeichnet hatten und sie zu einem unbedeutenden Beiwerk eines großen Konjunkturpakts herunterreden wollten. Bis Spätsommer 2009 wurden annähernd zwei Millionen Wagen in die Schrottpresse gegeben, darunter auch solche, die noch weit mehr als 2500 Euro Restwert hatten.

Die Deutschen also ein Volk von Schlawinern – unten wie oben? Die deutsche Mittelschicht eine Horde von blinden

Schnäppchenjägern? Und wenn ja, warum machen Regierungen aller Couleur dann auf den relevanten Feldern stoisch weiter Regeln, die dem nicht Rechnung tragen? Die diese Deutschen nicht nehmen, wie sie sind? Rar sind Stimmen wie die der nordrhein-westfälischen Ministerpräsidentin Hannelore Kraft (SPD), die sagt: »Die Menschen finden immer die Lücken in den Gesetzen. Dann müssen eben die Gesetze verändert werden. Ist doch nicht schlimm.« Stimmt. Noch dazu könnten sich die Regierenden auf jenen breiten Unmut berufen, der sich regelmäßig in der Mittelschicht gegen die Sozialabzocker à la »Florida-Rolf« oder Arno Dübel erhebt. In solchen Momenten funktioniert das allgemeine Gefühl für Anstand und »Tut man nicht!« eben doch noch, ganz im Sinne des großen Verfassungsrechtlers Böckenförde, der einmal schrieb: »Der Staat lebt von Voraussetzungen, die er selber zu garantieren nicht im Stande ist.« Die Politik könnte sogar auf eklatante Einzelerfolge lebensklug nachgebesserter Gesetze verweisen, wie zum Beispiel die Veränderungen bei der Frühverrentung von beamteten Lehrern: Zwei Drittel der Lehrer nahmen sie in Anspruch, als es noch ohne Abstriche am Pensionsniveau möglich war. 2008 änderte sich die Rechtslage, wurden Abstriche eingeführt. Seitdem ist die Frühaussteigerquote auf 22 Prozent geschrumpft. Sieh' an, alle plötzlich gesund? Aber solche Momente, wo auf bittere Wahrheiten Taten und auf Taten Veränderungen folgen, sind leider selten.

Ähnlich bei der Debatte um Hartz IV, welche die Bundesregierung seit ihrem Amtsantritt begleitet und bisweilen beben lässt. Auch sie umkreist die Frage, welche Anreize einer Gruppe gesetzt werden dürfen, die als leicht verführbar und bauernschlau zugleich gilt. Mit Beispielen belegbar ist nämlich: Bei Hartz IV werden Langzeitarbeitslose durch falsch gesetzte Anreize zum Nichtstun regelrecht erzogen und überdies zu Klagen gegen Einzelbescheide der Ämter immer neu animiert. Es verhält sich nun einmal rational, wer es ablehnt, für kaum 200 Euro Mehrverdienst einen ganzen Monat körperlich zu arbeiten. Das verwilderte Steuerrecht wiederum hat eine Auslegungs- und »1000-Beste-Tricks«-Literatur hervorgebracht, wie sie kein anderes Land der Welt kennt. Von diesen legalen Tricks bis zur Reise mit einem Koffer voller Schwarzgeld über die Schweizer Grenze ist der Weg kürzer, als man meint.

Der Chef der CDU-Arbeitnehmerschaft Karl-Josef Laumann sagte mit Blick auf die zehn Euro Praxisgebühr einmal: »Nimm beim Arzt bei jedem Besuch Eintritt, dann geht die Oma zum Reden ins Cafe.« Laumanns Bild von der Oma ist realistisch, es stimmt. Tatsächlich hat die Praxisgebühr von zehn Euro pro Quartal nicht den gewünschten Effekt gehabt, nicht die gewünschte Steuerungswirkung erreicht. Die Deutschen gehen weiterhin im Schnitt 18 Mal pro Jahr zum Arzt, die Franzosen weniger als halb so oft, die Norweger nur drei Mal. Im Gesundheitswesen funktionieren viele Anreize genauso schlecht wie in anderen Bereichen des Sozialstaates.

Die Leute sind nun einmal wie sie sind, glauben sehr viele Politiker. »Der Satz: ›Das tut man nicht‹, wird nie mehr so viel Wert haben wie ein Gesetz«, sagt ein veritabler Bundesminister mit Bedauern in der Stimme. »Wie sollen wir das ändern?« Der Punkt aber ist: Die Politiker sollen nicht die Bürger ändern, sondern die Regeln, die sie in eine falsche Richtung treiben. Damit wäre schon eine Menge gewonnen. Stattdessen versuchen sie, angetrieben vom Bundesverfassungsgericht, den urdeutschen Wunsch nach Einzelfallgerechtigkeit zu erfüllen. Doch da ist es wie mit Hase und Igel: Die Schlawiner sind immer schon da.

»Das kann man nicht laut sagen«

Politiker leben ihr Leben nicht zuletzt auch in der Furcht vor dem einen falschen Satz. Dem Satz, der an ihnen kleben bleibt wie ein Kaugummi unterm Absatz. Selbst erfahrene Profis wie den FDP-Vorsitzenden Guido Westerwelle kann das Schicksal ereilen. Inmitten einer der hitzigsten innenpolitischen Debatten der letzten Jahre (und unter dem Eindruck miserabler Umfragewerte) prägte der Oberliberale das Wort von der »spätrömischen Dekadenz«, die sich im unteren Fünftel der Gesellschaft breitmache, weil die Kumulation von Sozialleistungen dort dem Versprechen »anstrengungslosen Wohlstands« gleichkomme. Die »spätrömische Dekadenz« wird die FDP vermutlich ebenso lange verfolgen wie in den 80er Jahren der Unglücksslogan von der »Partei der Besserverdienenden«. Dann wollte Westerwelle aus seiner Not im Trommelfeuer der Kritik eine Tugend machen, schob also wenige Tage später hinterher, dass er »dem deutschen Volk doch nur die Wahrheit sagen« wollte, »anders als die Politiker sonst«. Da brach erst recht der Sturm gegen ihn los, weil er seine Gegner in der Diskussion, auch die in den eigenen Koalitionsreihen, damit als Lügner hingestellt hatte.

Westerwelle und die wenigen, die ihm mit ähnlich bitteren Wahrheiten über das Hartz-IV-Milieu beisprangen, hatten zwar der hehren Forderung nach »Benennungshandeln« (Erhard Eppler) alle Ehre gemacht. Und auch auf die *Bild*-Schlagzeile »Macht Hartz IV faul?« gab es Reaktionen tausender Leser, die ganz überwiegend mit »Ja!« antworteten. Allein: Es half nicht viel. Über den wohlfeilen Allgemeinplatz: »Wer arbeitet, muss mehr haben als der, der nicht arbeitet«, ging die breite Mehrheit der diskutierenden Politiker von Union und SPD nicht hinaus – öffentlich. Sie verhielten sich so, wie der frühere *Tagesthemen*-Moderator Ulrich Wickert von Talkshow-Auftritten mit Politikern einmal berichtete: Häufig sagten sie das Gegenteil von dem, was sie nach Ende der Sendung den Journalisten als »wie es wirklich ist« erklärten, so Wickert. »Nur fügen sie dann hinzu: ›Das kann man ja nicht laut sagen‹. Und sie meinen: weil dann die Wähler ihnen die Stimme entziehen.« Noch präziser formuliert: Weil sie, oft sogar aus gutem Grund, *glauben*, dass die Wähler ihnen die Stimme entziehen.

Machen wir uns nichts vor: In der Medien- und Skandalisierungsdemokratie geraten Politiker, Regierende zumal, regelmäßig an den Punkt, wo sie zwischen Überzeugung und Opportunität abwägen. Diese Abwägung mündet oft in ein stilles Selbstgespräch, das ungefähr so geht: »Kann man das laut sagen?« – »Jede Wahrheit hat ihre Zeit.« – »Die Leute sind noch nicht so weit.« – »Was nutzt es, wenn ich mir jetzt die Finger verbrenne?« Wohlgemerkt: Da spricht nicht Feigheit, sondern Kalkül. Und Erfahrung.

Ein Journalist bekommt derlei Einsichten eines Politikers nur unter der Bedingung zu hören, dass wirklich alle Mikrofone ausgeschaltet oder Stift und Block beiseite gelegt sind. In einer Kolumne berichtete zum Beispiel der Autor Harald Martenstein von einem Spitzenpolitiker, den er natürlich nicht beim Namen nennen durfte. Der habe ihm erklärt, dass es selbstredend Schwachsinn sei, mit der Gießkanne immerzu gleich viel Kindergeld an Arm und Reich zu verteilen. Weil man, erstens, bei den Armen nicht wisse, ob die Eltern es nicht kurzerhand in Flachbildschirme oder Flaschenbier umsetzten. Und weil, zweitens, die Reichen es eh nicht bräuchten. Stattdessen wäre es hundert Mal klüger, so der Politiker, das Kindergeld zu streichen und mit den Milliarden alle Kita-

Plätze in Deutschland gebührenfrei zu machen. Aber die Abschaffung des Kindergeldes könne man eben nicht einmal diskutieren.

Womöglich hatte Martenstein mit dem FDP-Haushaltsexperten Otto Fricke gesprochen, der aus einer internen Runde schon einmal so zitiert wurde: »Den steuerlichen Kinderfreibetrag zu erhöhen, ohne auch das Kindergeld zu erhöhen, ist glatter Selbstmord.« Denn: Vom steuerlichen Freibetrag haben nur die etwas, die Steuern zahlen, also nicht das untere Drittel der Gesellschaft. Sie von einer sozialpolitischen Segnung auszusparen – selbst für die Liberalen politischer Selbstmord? Fazit Martenstein: »Kann es sein, dass die Demokratie ohne das Volk viel besser funktionieren würde?«

Ganz allgemein gilt: Politiker glänzen in vertraulich tagenden Kreisen gern mit markigen Sätzen, »die man ja so leider in der Öffentlichkeit nicht sagen kann«. Ein paar Beispiele, notgedrungen anonymisiert: »Massive staatlich tolerierte Inflation ist der einzige Weg runter vom Schuldenberg« (ein designierter Bundesfinanzminister, der es dann doch nicht wurde). Oder: »Die Alten werden zu teuer« (der Chef einer Bundestagsfraktion). Oder: »Im Prekariat kriegen sie die Kinder wegen des Kindergeldes« (ein heute nicht mehr amtierender Bundesminister) Oder: »Weite Regionen im Osten sind auf immer abgehängt« (der Ministerpräsident eines westdeutschen Bundeslandes).

Viel vermintes Terrain also. Nur ganz, ganz selten wagt sich einer öffentlich in diese Bereiche, im Fußball würde man sagen: »Dahin, wo es weh tut« – und die Bereitschaft zur politischen Selbstverstümmelung gehört dazu. Wenn amtierende Spitzenpolitiker das riskieren, kann man sich oftmals des Eindrucks nicht erwehren, hier tritt einer die Flucht nach vorn an, weil ihm sonst nicht viel bleibt. So zu verfolgen bei Hessens Ministerpräsident Roland Koch (»Wir haben zu viele junge, kriminelle Ausländer«), als ein Landtagswahl-kampf zu seinen Ungunsten zu kippen drohte und er kein besseres Thema fand. So zu verfolgen auch beim schon erwähnten Vizekanzler Westerwelle.

Solche Notlagen machen das politische Risiko mit den brisanten »Wahrheiten« nicht kleiner, sondern nur die Bereitschaft größer, es einzugehen. Man erinnere sich: Koch wie Westerwelle wurde Volksverhetzung vorgeworfen, Fischen am rechten Rand. Der gutmenschelnde Mainstream fuhr sein gesamtes Arsenal auf. Am Ende verlor Koch die Landtagswahl 2008 krachend, konnte sich nur dank der politischen Torheit seiner Kontrahentin im Amt halten und gab im Herbst 2010 freiwillig sein Amt ab, weil er wusste, dass er in Hessen nicht noch einmal würde antreten können. Guido Westerwelle wiederum musste sich von der CDU vorhalten lassen, in Nordrhein-Westfalen die Schlafwagenstrategie von Ministerpräsident Jürgen Rüttgers durchkreuzt zu haben. Seine Hartz-IV-Attacken hätten die lethargisch zurückliegende SPD urplötzlich aufgeweckt und stark gemacht. Anfang 2011 hat das größte Bundesland eine SPD-Ministerpräsidentin, CDU wie FDP fürchten Neuwahlen, und Guido Westerwelle gibt seit geraumer Zeit den emsigen Außenminister. Das alles sollen andere aktive Politiker nicht als warnende Beispiele nehmen?

Ex-Politiker wie der ehemalige SPD-Superminister Wolfgang Clement oder wie Thilo Sarrazin, ehemaliger Finanzsenator von Berlin, tun sich da naturgemäß leichter. Immerhin, manchmal tun sie dabei auch den Amtierenden einen Gefallen, wenigstens auf mittlere Sicht.

Thilo Sarrazin zum Beispiel kann für sich in Anspruch nehmen, dass er mit seinem Buch über die manifesten Defizite der Integration muslimischer Zuwanderer nicht eine genuin neue, aber eine rekordverdächtig lang anhaltende

Debatte ausgelöst hat. Den aktiven Politikern zeigte es, wie dringend ihre Wahrnehmung von Volkes Meinung zum Thema aktualisiert werden muss.

Sarrazins Buch besteht aus einem wenig überzeugenden, vulgär-darwinistischen Teil, der von vererbbarer Intelligenz unter ethnischen Gruppen handelt – und zu Recht ziemlich rasch abgetan wurde. Der andere, größere Teil dagegen dreht sich um vergeigte Schulbildung, abgeschottetes Leben, Machogehabe, Gewaltkriminalität und Hartz-IV-Karrieren. Er listet geradezu unerbittlich, mit Zahlen und Fakten untermauert, die Probleme muslimischer Zuwanderer auf, die sie im Unterschied zu anderen Zuwanderergruppen haben und die keinesfalls einer vermeintlich lieblosen Integrationspolitik des Staates allein angelastet werden können. Trotz der unbestreitbar schon erreichten Fortschritte von Integrationsgipfel, Einbürgerungstest und verbindlichen Deutschkursen, hielten Sarrazins Ausführungen einer Faktenprüfung in nahezu allen Punkten stand. Dennoch schlug ihm aus allen Parteien massive, teils sehr persönliche Kritik entgegen, bis hin zum denkwürdigen Wort der Kanzlerin, dieses Buch habe sie zwar nicht gelesen, aber es sei »nicht hilfreich«. Sarrazin wurde mit wenig überzeugenden Argumenten von seinem Posten als Bundesbank-Vorstand entfernt – und damit vollends zum Helden der Bürgermehrheit. Die *Frankfurter Allgemeine Sonntagszeitung* bemerkte, dass Sarrazin öffentlich so über die Leute spricht, »wie er hinter verschlossenen Türen über sie reden würde«. Vermutlich war genau das sein Erfolgsrezept. Das Buch hat sich inzwischen weit mehr als eine Million Mal verkauft, und ein vorläufiges Fazit lautet: Selten hat sich eine bunt gemischte Gruppe von Politikern so sehr darin getäuscht, was »man in Deutschland laut sagen kann«.

Man darf hoffen, dass sie es sich merken. Denn auch

wenn zum Glück wenig gehetzt wird in der deutschen Politik: Es wird doch immer noch zu oft geschwiegen. »Die Leute wollen die Wahrheit doch gar nicht hören«, heißt es zur Erklärung, zur Entschuldigung.

In bestimmten Situationen kann das selbstredend richtig sein: In den entscheidenden Momenten einer die Kontinente überspringenden Finanzkrise handelte die Politik klug, als sie den Bürger nicht in jeden Abgrund blicken ließ, also manche Wahrheit verschwieg. Es hätte die Bevölkerung tatsächlich in unkontrollierbarem Maße verunsichert. Auf höchst fragwürdige Weise stilbildend wird das vorauseilende Verschweigen freilich, wenn es derart um sich greift wie in den letzten Wahlkämpfen. Über die künftigen Wege aus der Wirtschaftskrise wurde selbst vor der Bundestagswahl erschütternd wenig geredet oder gestritten. Die Wähler hatten am Ende die Wahl entweder »klug« (CDU) oder »sozial« (SPD) aus der Krise zu kommen. Aha. Ansonsten: Fragezeichen, Nebelkerzen. Der damalige Wirtschaftsminister Karl-Theodor zu Guttenberg (CSU) und Finanzminister Peer Steinbrück (SPD) lieferten sich in der Anne-Will-Talkshow noch eine Woche vor der Bundestagswahl ein denkwürdiges Duell, wer als erster die Katze aus dem Sack lassen sollte. Ergebnis: Unentschieden, die Katze blieb im Sack. Steinbrück sagte es ganz offen: Er werde jetzt keine Hinweise auf anstehende Einsparungen geben, weil er dann sofort von der Öffentlichkeit verprügelt werde: »Ich bin doch nicht der Doofmann hier.« Seine (und Guttenbergs) Logik dahinter: Die Deutschen wollten in der Krise nicht noch mehr von der Krise hören – also besser schweigen, erst recht natürlich vor einer wichtigen Wahl.

Wie kommt es dazu? Wie ermitteln Politiker für ihre geistige Landkarte jene Regionen, von denen sie meinen, dass die Deutschen sie nicht betreten und nicht erkunden wollen? Wie wird aus einer *terra incognita* eine *terra tabu*?

Da hilft zum einen natürlich die Demoskopie. Großen Eindruck haben bei der CDU die Zahlen der Allensbacher Meinungsforscher hinterlassen, wonach vor der Wahl 2005 knapp 40 Prozent der Befragten persönliche Nachteile oder Einbußen fürchteten, sollte eine CDU-geführte Regierung ins Amt kommen – prompt ging die Wahl für Schwarz-Gelb verloren. Im Juli 2009, vor der heißen Wahlkampfphase, ergab dieselbe Befragung noch bei 21 Prozent solche Vorbehalte gegen eine CDU-geführte Regierung. Unmittelbar vor der Wahl lag die Zahl sogar noch einmal niedriger, bei 17 Prozent. Bedeutet: Reden ist Silber, Schweigen ist Wahlsieg. Eine der beiden wichtigsten Strippenzieherinnen des CDU-Wahlkampfes sagte hinterher: »Wir haben einen erfolgreichen Demobilisierungswahlkampf geführt. Das ist etwas ganz Neues, das klappt.« Fragt sich nur, wann auch die eigene Wählerschaft weggedämmert ist – und nicht nur die des politischen Gegners. So erklärt sich manches taktische Schweigen, aber das grundsätzliche nicht; jene Tabuzone, in denen sich nicht nur Roland Koch und Guido Westerwelle die Beine brachen.

Immerhin lässt sich sagen, dass die meisten der genannten Felder des vorauseilenden Verschweigens eines gemeinsam haben: Es geht um Gruppen, die sich als »Opfer« fühlen, oder, wichtiger noch, die es geschafft haben, als »Opfer« zu gelten. Als Opfer der Umstände oder des Wandels. Als Opfer der Mehrheit (jede Minderheit), der Wirtschaft oder der Wirtschaftskrise (jeder Arbeitslose) oder ganz einfach der unbarmherzigen Zeiten (theoretisch alle, aber Kinder und Frauen zuerst). Vor allem fürchten viele Politiker, dass es beim breiten Publikum gar nicht gut ankommt, wenn wohldotierte Abgeordnete die Bürger auffordern, den Gürtel enger zu schnallen. Ebenso resigniert-sicher sind sich die Politiker, dass arrogant wirkt, einen 25-jährigen ungelernten Arbeitslosen geradeheraus zu fragen, warum er nie eine Ausbildung begonnen, aber schon drei Kinder gezeugt hat. Als klassisches Eigentor gilt auch die Frage: »Warum ziehen Sie nicht nach Süddeutschland, wo es Arbeit für Sie gibt?« Denn das gefühlte Urteil lautet immer: Jetzt geht die fette Politikertype auch noch auf den armen Hartz-IVler los – und sei es noch so wahr, dass in Süddeutschland Vollbeschäftigung herrscht und in Mecklenburg-Vorpommern und Sachsen-Anhalt inzwischen mehr Menschen Rente oder Arbeitslosengeld beziehen, als es Erwerbstätige gibt.

Nichts fürchten Politiker – gleich welcher Partei – nämlich mehr als den Vorwurf, »abgehoben« zu wirken, aus dem relativ gut gepolsterten Dasein als Mandatsträger eitel herabzuschauen auf jene, die sie ins Amt gewählt haben. Und die wie geschmiert funktionierende Lobby der Armen und Gebeutelten im Land hält in direktem Kontakt zu den Abgeordneten diese Sorge, die aus einem latent schlechten Gewissen wächst, immerfort wach. Anders ist es nicht zu erklären, warum zum Beispiel Vertreter des deutschen Sozialverbandes VdK das Blaue vom Himmel herunter fordern können, sich zu schwersten persönlichen Attacken versteigen dürfen – aber kein Politiker ein Gespräch mit ihnen verweigern kann.

Weil man also »bestimmte Dinge einfach nicht laut sagen darf« (ein erfahrener SPD-Bundestagsabgeordneter) unterbleibt manch' wichtige Debatte, bis es gar nicht mehr anders geht. Oder der Zufall zu Hilfe kommt.

Die gute Nachricht ist nämlich: Auch Tabus leben nicht ewig. Das Buch Thilo Sarrazins wird die Art, über Integrationspolitik politisch zu diskutieren, auf Dauer verändern. Nicht, weil ihm bald alle zustimmen, sondern weil er freigelegt hat, in welchem Maße die Bürger quer durch alle (Bildungs-)Schichten umgetrieben werden von diesem Thema. Unter diesem Eindruck könnten viele Politiker ihr Bild vom

Bürger also à jour bringen – ganz so, wie sie es beim Stichwort Deutschland, deutsch sein, stolz darauf sein, taten.

Wie oft hatten in den vergangenen Jahrzehnten Journalisten Politikern nicht dieses Stöckchen hingehalten: »Sind Sie stolz auf Deutschland? Sind Sie stolz, ein Deutscher zu sein?« Und wie verdruckst kamen die Antworten, wenn überhaupt. Die Wende brachte erst ein »Sommermärchen«, die WM der Fußballer 2006. Und plötzlich musste Deutsch-Sein nicht automatisch fremdenfeindlich, ja, noch nicht einmal bier-dumpf deutschtümelnd sein. Und die Politiker, die Volksver-treter, rieben sich die Augen: Guck mal, wie entspannt das Volk mit den nationalen Symbolen umgeht, mit Deutschland-lied und Schwarz-Rot-Gold.

Was das lehren könnte? Zum Beispiel ein wenig mehr Vertrauen in die Bürger und wie viel an streitiger »Wahrheit« sie in einer Debatte vertragen können. Zum Beispiel weniger Sätze, wie sie der damalige Verteidigungsminister Volker Rühe zum kantigen General Jörg Schönbohm sagte, als der Mitte der 90er Jahre in die Politik ging: »Schönbohm, dazu taugen Sie nicht. Sie sind zu offen, zu direkt, zu ehrlich.« Und man könnte ein bisschen weniger Ehrfurcht vor Tabus ler-nen – die oft genug einfach nur deshalb noch welche sind, weil lange keiner mehr daran gekratzt hat. Denn der Satz von den Sätzen, die man nicht sagen *kann*, stimmt ja nicht, weil es in Wahrheit die Sätze sind, die man nicht sagen *will*. An Tabus zu kratzen, gehört aber zum Wesen einer Politik, welche die Verhältnisse nicht nur verwalten, sondern verändern soll.

»Der Schoß ist fruchtbar noch«

Haben Sie den Aufstieg Hitlers erlebt? Nein? Kein Wunder, Sie müssten heute Mitte 80 sein. Oder das Ende des Zweiten Weltkriegs? Schon eher, dann gehören Sie zum Bevölkerungsfünftel derer, die 65 oder älter sind. Maximal hätten sie also 12 Jahre unter den Nazis und mehr als 60 in der bundesrepublikanischen Demokratie gelebt. Leider zählen in der bundesdeutschen Großpolitik vornehmlich die ersten 12. Eine Art »Sündenstolz« (Joachim Gauck) war lange Zeit konstitutives Element der westdeutschen Nachkriegsrepublik, und ist es oftmals noch.

So gilt wie in Erz gegossen: Der Deutsche als solcher ist verführbar, der Schoß fruchtbar noch. Zynisch könnte man von einer bislang unentdeckten Form der genetischen Weitergabe politischer Prädispositionen reden, unter denen kein anderes Volk leidet, nur die Deutschen. Käme dieser Vorwurf allein von außerhalb der Grenzen, gern auch aus Anlass einer Fußball-Weltmeisterschaft und ihrer Aufbereitung beispielsweise in der britischen Balkenpresse oder käme er auf dem Höhepunkt einer Auseinandersetzung darüber, ob deutsche Steuerzahler für europäische Schuldenschlendriane geradestehen sollen – es ließe sich achselzuckend damit leben. Aber auch Politik auf Bundesebene wird mit kaum einem Argument so anhaltend betrieben und indirekt begründet wie mit eben diesem: Die Deutschen sind verführbar. Wehe, wehe, wenn die Populisten kommen. Oder wie es selbst die ansonsten so pragmatische Bundeskanzlerin Angela Merkel einer Gruppe junger Menschen bei einer Gedenkveranstaltung ins Stammbuch schrieb: »Weil man nie sicher sein kann, dass die Menschen vernünftiger werden, müssen die politischen Strukturen der Bundesrepublik so sein, wie sie sind.« Und am anderen Ende des politischen Spektrums echot Grünen-Fraktionschef Jürgen Trittin: »Es gibt seit langem ein rechtsradikales Potenzial in Deutschland.«

Wie viele Debatten sind mit diesem Argument schon tot geschlagen worden, noch bevor sie recht begonnen hatten: »Leitkultur« als Chiffre einer ernsthaften Auseinandersetzung mit Integration oder Ausländerproblemen war über Jahrzehnte tabu, verkam zeitweilig zur hohlen Provokationsfloskel für alle jene, die sich vom berechenbar folgenden Sturm linksliberaler Entrüstung auch einmal auf die erste Seite der Tageszeitungen spülen lassen wollten. »Deutsche Tugenden«, anderes Beispiel, durfte es nur auf dem Fußballplatz geben, nicht aber als die Koordinaten der individuellen oder nationalen Selbstvergewisserung. Selbst das millionenfach harmlos heitere Fähnchenschwenken bei der Fußball WM 2006 kam unter das Mikroskop humorfreier Soziologen. Denn, wehe, wehe, wer Schwarz-Rot-Gold sich ans Auto steckt, macht womöglich auch mit, wenn Deutsche demnächst wieder in Polen einmarschieren oder einen Platz an der Sonne suchen.

Das soll den Schrecken, der von Deutschen und von deutschem Boden ausging, weder in Zweifel ziehen noch nachträglich verharmlosen. Das soll weder bestreiten noch beklagen, dass die Vergangenheit Teil der deutschen Identität ist. Aber müssen es sich gut 80 Millionen Menschen wirklich gefallen lassen, von ihren eigenen Volksvertretern in Bausch und Bogen für antidemokratisch verführbar und halbgescheit gehalten zu werden? Im 21. Jahrhundert?

Andere Länder in Europa leben seit langem mit einer Rechts- oder Linksaußenpartei (oder mit beidem). Appetitlich ist das nicht, aber ein Weltuntergang ebenso wenig. Auch in Deutschland hält nicht mehr, was einst aus der Furcht vor

Wiederholung der Nazi-Radikalisierung entstand: die Pflicht für die beiden Volksparteien, neben sich, zum politischen Rand hin, keine weitere Partei zu dulden. Die SED-Erben sind unter dem Namen Linkspartei inzwischen auch im Westen der Republik verankert; CDU und CSU haben wachsende Schwierigkeiten, Ähnliches an ihrem rechten Rand zu unterdrücken. In der Union wuchs während der Euro-Krise, die 2010 zwei Multi-Milliarden-Schutzschirme nötig machte, die Furcht vor einer »D-Mark-Partei«. Anfang 2011 ist es mit Blick auf die Niederlande und Schweden die Furcht vor einer Anti-Islam-Partei. Vor einem Sammelbecken für frustrierte Stammwähler, Nicht-Wähler und Rechtsaußenspinner, das die Deutschen auf einen radikalen Kurs verführen könnte. Ob diese Ausfächerung der Parteien unter dem Strich gut täte, mag man bezweifeln. In europäischem Maßstab normal wäre sie allemal.

Wohlgemerkt: Niemand bestreitet, dass nach dem Zweiten Weltkrieg die Alliierten ebenso wie die Deutschen gut daran taten, aus dem Nationalsozialismus und seinem Weg zur Macht vorbeugende Maßnahmen abzuleiten. Der Historiker Golo Mann formulierte es drastisch, aber der damaligen Zeit entsprechend und in der Sache zutreffend: »Die Ausschaltung des Volkes empfahl sich nach den unter dem Nationalsozialismus gesammelten Erfahrungen.« Heute scheint es, als wäre diese Warnung vor »Weimarer« Zuständen oder rechten Rattenfängern eine der letzten Gemeinsamkeiten aller Bundestagsparteien – und würde auch darum so beharrlich gepflegt. Die Vorkehrungen gegen Verführbarkeit haben gleichwohl Folgen, die in keinem Verhältnis mehr zur realen Bedrohung der deutschen Demokratie durch deutsche Anti-Demokraten steht – also zumindest neu begründet werden müssten.

Dazu zählt die Aufsplitterung der Kompetenzen zwischen Bundes- und Länderebene – auf dass niemals mehr eine Gewalt im Staate alle anderen gleichschalten oder abschaffen könne. Dazu zählt auch, dass den Parteien nach dem Krieg eine Position zugewiesen wurde, in der sie der alleinige Träger der politischen Mittleraufgabe sind, in der sie gleichsam ein Monopol auf angewandte Politik haben. Weil die Parteien von diesem Monopol naturgemäß nicht gern lassen wollen, hemmen sie die überfällige Prüfung, ob es noch zeitgemäß ist. 65 Jahre nach Kriegsende wird den Deutschen weiterhin verweigert, wenigstens bei ganz großen Entscheidungen ein bundesweites Referendum abzuhalten. »Wir wissen ja, was bei der Abstimmung über den Euro herausgekommen wäre«, heißt es dann. »Sogar die Deutsche Einheit wäre durchgefallen«, sagen nicht wenige einflussreiche Politiker, die die Zeit vor 20 Jahren miterlebt haben.

Wirklich? Sicher ist nur, dass die Politiker vor einem Rendezvous mit dem Wähler ganz anders für ihre Vorhaben hätten kämpfen oder ihr politisches Schicksal mit diesen verbinden müssen: Das gilt für den Euro-Vertrag ebenso wie für die deutsche Einheit mit all' ihren damals schon sichtbaren Kosten. Stattdessen überließ man es dem Verfassungsgericht, diese Beschlüsse im Nachhinein und blutleer gutzuheißen – »im Namen des Volkes« natürlich.

Die Unterstellung, die Deutschen müssten vor sich selbst geschützt werden, erspart der Politik aber nicht nur große Rechtfertigungsschlachten. Sie kostet auch Geld, viel Geld, weil sie dem deutschen Sozialstaat die Ewigkeitsgarantie liefert. Der ist nämlich, darin durchaus vergleichbar den Bismarckschen Sozialgesetzen, immer auch Sozialkitt zwischen den Einkommensschichten, immer auch vorsorglich verabreichtes Sedativum gegen alle Arten von Extremismen in einer Gesellschaft, die seit jeher auch Verlierer produziert, das aber nicht wahrhaben will. Der deutsche Sozialstaat mit seinen

letztlich sehr auskömmlichen Varianten der gegenleistungs-
losen Grundsicherung lässt sich gegen hartnäckige Zweifler
immer auch damit rechtfertigen, dass er den Rattenfängern
vom rechten wie linken Rand ihr Geschäft merklich schwerer
mache. Wohl wahr. Aber: Während die Verführbarkeit
schwindet, wächst der Sozialstaat – den zu verwalten Da-
seinsberechtigung für ganze Politikergenerationen geworden
ist. Im Klartext: Der Sozialstaat lebt bis auf weiteres von der
Prämisse, dass gerade in Krisenzeiten die monatlichen Mil-
liardenausgaben auch als eine Art Vollkaskoprämie gegen den
nächsten Adolf Hitler zu verstehen sind. Da hätten die Deutschen, die Steuerzahler zumal, langsam aber sicher eine andere Begründung verdient.

Nun mag es ja sein, dass die Wirtschaftskrise wahrhaftig
die »Bewährungsprobe« (Horst Köhler) der deutschen Demokratie darstellte. Aber wenn dem so ist, haben die Deutschen sie nicht glänzend bestanden? Wie weit daneben lagen
die vielen Befürchtungen, die Deutschen könnten ihrer Demokratie den Rücken kehren, weil sie ihnen nicht mehr Jahr
um Jahr ein Wohlstandsplus verheißt? Nein, wenn es irgendetwas im Schatz von Binsenweisheiten deutscher Politiker
gibt, von dem sie sich alsbald trennen sollten, dann ist es die
Unterstellung, die Deutschen seien weiterhin ins Radikale
verführbar. Nichts spricht dafür, vieles dagegen. In einer breit
angelegten GfK-Studie bejahten drei Viertel der Befragten
»stark« oder »sehr stark« diesen Satz: »Trotz unserer Geschichte sollten wir wieder stolz sein können, Deutsche zu
sein.« Der Wert hat sich seit 2001 glatt verdoppelt. Fazit der
Studie: »Das Nationalgefühl ist zurück, die deutsche Seele
weitgehend geheilt.«

Kurzum: Obwohl manch' allzu verspannte Betrachtung
sich langsam lockert, beharren viele, viele deutsche Politiker
weiterhin darauf, die Deutschen für leicht verführ- und ent-

flammbar zu halten. Sie tun es aus Bequemlichkeit; aus der selbstgefälligen Sorge heraus, ein bis dato sicher funktionierendes Allzweckargument zu verlieren, dem niemand widersprechen kann, ohne sich verdächtig zu machen. Das ist billige Bevormundung.

»Die Leute wissen nicht, was sie wollen«

Am Freitag, den 15. Januar 2010, veröffentlichte das ZDF-Politbarometer eine Umfrage, wonach 64 Prozent der Deutschen keine Steuersenkung wollten, weil sie, kurz gesagt, dem Braten nicht trauten. Knapp 48 Stunden später, am 17. Januar, kam die *Bild am Sonntag* mit einer Umfrage auf den Markt, wonach 57 Prozent der Bundesbürger von der schwarz-gelben Bundesregierung erwarteten, dass sie gefälligst zu ihrem Steuersenkungsversprechen stehen solle. Wenige Monate später kassierte die Bundesregierung ihre Pläne für eine »große« Steuerreform, kombinierte das mit einer Geste von »Wir haben verstanden« – und stürzte danach in den Umfragen noch weiter ab, die FDP der Union voran.

Fazit: Wie man's macht, macht man's falsch. Die Deutschen wissen nicht, was sie wollen – denken zumindest viele Politiker. Für amtierende Politiker ähnlich schwer zu dechiffrieren war das Ergebnis einer aufwändigen *Spiegel*-Umfrage nach moralischen Instanzen und Lichtgestalten. Fazit des Blattes: »Der ideale Deutsche, von Deutschen gesehen, ist leichtfüßig wie Mesut Özil, fehlbar wie Margot Käßmann, pragmatisch wie Angela Merkel, unprätentiös wie Günther Jauch, konsequent wie Jogi Löw, unbeschwert wie Lena Meyer-Landrut, abgeklärt wie Helmut Schmidt.« Dann man los.

Über manche Widersprüche der werten Wähler zucken Politiker längst nur noch mit den Achseln: Dass die Bürger zwar Spitzenpersonal in den Parlamenten wollen, aber ihnen am liebsten keine Diäten zahlen möchten. Dass die Bürger zwar Machtpolitik für igittigitt halten, aber ständig rufen:

Nun macht doch endlich und setzt euch durch! Dass sie Politiker verachten, die an »ihrem Sessel kleben« – aber auch solche, die nach zehn Jahren in einem Spitzenamt noch einmal etwas ganz anderes machen wollen und zurücktreten. Dass sie sich gelangweilt abwenden, wenn im Bundestag diskutiert wird – aber sofort Verschwörung wittern, wenn eine Entscheidung überraschend schnell im kleinen Kreis fällt. Gern zitieren Wahlkreispolitiker auch, was die Leute daheim offenbar recht häufig über sie sagen: »Politiker? Alles miese Typen, aber meiner ist persönlich ganz in Ordnung.« Darüber milde zu schmunzeln, ist für Politiker eine Art, mit der geballten Verachtung umzugehen, die ihnen seit langem entgegen schlägt. Manchmal rettet es den eigenen Seelenfrieden, die Bürger nicht so ernst zu nehmen. Geschenkt.

Aber es steckt mehr dahinter. Wer denkt, der Souverän ist leider schizophren, macht anders Politik als einer, der sich einer rein rational reagierenden Gruppe gegenüber sieht. Bei einem Vortrag vor Berliner PR-Beratern brachte Innenminister Thomas de Maizière das einmal auf den Punkt. Ein Manuskript oder Protokoll seines Vortrages existiert leider nicht, aber Teilnehmer zitieren ihn sinngemäß so: »Bedenken Sie, dass der Mensch kompliziert ist. Bedenken Sie, dass Psyche und Emotionen stärker sind als Logik und empirische Studien.« Recht hat er wohl, auch ganz generell. Selbst Autoverkäufer genießen in Deutschland mehr Vertrauen als Politiker, sagen jüngste Umfragen. Aber niemand käme auf den Gedanken, von Autoverkäufern zu erwarten, sie sollten die weltweite Klimakatastrophe abwenden, die Wirtschafts- und Finanzkrise meistern, es allseits gerecht zugehen lassen und jeden Morgen gut gelaunt ihren 14-Stunden-Tag beginnen.

Die Politik hat das Problem durchaus erkannt, aber sie weiß keine Abhilfe. In einer Wahlstudie der FDP heißt es: Die Wähler erwarteten ausgerechnet von denen, denen sie immer weniger zutrauen, die Lösung immer größerer Probleme. Und wörtlich: »Die Parteien reagieren auf diese Entwicklung leider oft nur trotzig …« Was sollen sie auch machen? Die Menschen nach ihren Vorstellungen verändern, das will in Deutschland keine ernst zu nehmende Partei. Gerade die beiden Volksparteien Union und SPD haben vielmehr wachsende Schwierigkeiten, mit ihren Angeboten die Interessen und Wünsche der Bürger unter einem Dach zu bündeln. Das Problem ist nicht neu, aber das Internet verschärft es aus Sicht der Parteistrategen enorm: Auch kleinere Gruppen können sich für ihr Anliegen inzwischen Öffentlichkeit verschaffen und Druck auf die Gewählten aufbauen, den diese bislang so nicht kannten. Wer bei *Facebook* Widerstand gegen einen Straßenneubau oder die Flugrouten beim neuen Berliner Großflughafen organisieren kann, braucht immer seltener eine der etablierten Parteien als Sprachrohr. »Die Artikulationsmöglichkeiten werden immer besser«, stellt ein Bundestagsabgeordneter fest, der Erfahrungen damit gemacht hat. »Da kommen wir vor Ort oft gar nicht mehr so schnell mit.« Heißt: Die Parteien wissen häufig gar nicht mehr, was welche Wähler gerade wollen.

Was im Kleinen gilt, gilt natürlich auch im Großen. Tatsächlich treten die Deutschen ihrem politischen System, ihrem Staat meist in doppelter Gestalt gegenüber: als Nutznießer seiner (Dienst-)Leistungen, von denen sie lieber mehr als weniger haben möchten, und als Steuerzahler, die lieber weniger als mehr dafür bezahlen wollen. Das gilt für die Ränder der Gesellschaft, aber vor allem für ihre Mitte. Der Politologe Franz Walter meint dazu: »Die Mitte der Republik möchte mit Kurt Beck sozialen Schutz, sie will mit Roland Koch aber auch mehr polizeilich gestützte Sicherheitsstaatlichkeit, und gemeinsam mit Guido Westerwelle weigert sie sich, für all das zusätzliche Steuerleistungen mitzutragen.« Selbst die ordentlich informierte Mitte der Gesellschaft will in Umfragen für gewöhnlich »mehr Europa«, aber weniger Richtlinien, weniger Beschlüsse, weniger Eurokraten und unter dem Strich irgendwie weniger »Brüssel«. Nicht leicht, damit umzugehen.

Woran liegt das? Nicht wenige Politiker denken, dass die Bürger einem großen Irrtum aufsitzen. »Die Leute meinen, Politik zu machen sei doch ganz leicht: etwas fürs Gemeinwohl tun. Wenn es so einfach wäre«, seufzen sie sinngemäß, vor allem natürlich auf den Regierungsbänken. Für die große Mehrheit der Deutschen hat das Gemeinwohl nämlich über dem kleinlichen Parteienstreit zu stehen, weil es gleichsam die unverrückbaren, überparteilichen Ziele definiert. Kaum ein Vorwurf gegen die Parteien fällt deshalb häufiger als der, sie verfolgten nur ihre eigenen Interessen und nicht die der Allgemeinheit. Nach landläufiger Einschätzung kann etwas, das diesem Gemeinwohl dient, nicht in Widerspruch zu etwas anderem stehen, das ihm offenkundig auch dient. Folglich ist mehr Sozialschutz richtig, mehr Polizei auch und niedrigere Steuern sowieso. In Wahrheit, nicht nur in der Praxis, ist es natürlich anders: Ziele können in Konflikt zueinander stehen. Und die verschiedenen Parteien haben nun einmal sehr unterschiedliche Vorstellungen davon, was das Gemeinwohl, was das Beste fürs Land ist. Steuern rauf oder Steuern runter? Mehr Überwachungsstaat oder weniger? Mehr Hartz IV oder weniger? Von der CDU über die SPD bis zu den Grünen, der FDP und der Linkspartei werben sie alle um Stimmen für ihre Vorstellung von Gemeinwohl.

So liegt der Schluss nicht fern, dass Wähler, die offenbar nicht wissen, was sie wollen, Politiker bekommen, die Sowohl-als-auch für die adäquate Strategie halten. Und wie relevant das Problem inzwischen ist, lehrt der Blick auf die gegenwärtig regierende Koalition: Einer der wirklich grundsätzlichen Unterschiede zwischen CDU-Kanzlerin und FDP-Vizekanzler besteht nämlich darin, dass die eine so regieren möchte, dass sie beim nächsten Mal von allen Deutschen gewählt werden könnte. Und der andere so, dass Schwarz-Gelb wieder eine Mehrheit bekommt, egal wie knapp. Die eine stellt sich darauf ein, dass die Wähler in der Regel keine harten Ja/Nein-Entscheidungen mögen, der andere sucht sie im Zweifelsfall. Wetten, dass Angela Merkel in Deutschland länger Kanzlerin bleibt als Guido Westerwelle Vizekanzler?

»Wähler sind wie Kinder«

Vor Jahren veranstalteten Forscher an der Universität Lausanne ein lustiges Experiment: Sie legten 681 Kindern im Alter von sechs bis 13 Jahren Bilderpaare vor mit der Frage, welcher der beiden Gezeigten der bessere Kapitän für eine sehr gefährliche Seereise wäre. Abgebildet waren ausnahmslos Spitzenpolitiker aus Frankreich, die bei zurückliegenden Wahlen direkt gegeneinander angetreten waren, was die Kinder aber nicht wussten. Ergebnis: In 70 Prozent der Fälle entschieden die Kinder sich mehrheitlich für jenen Kandidaten, der die Wahl zuvor tatsächlich gewonnen hatte. Die Frage lautet also: Wenn Kinder wie Wähler sind, gilt das auch umgekehrt?

Wähler sind wie Kinder – der Gedanke ist vielen Politikern und ihrer Entourage zumindest nicht fremd. Alastair Campbell, legendärer Spindoctor und Wahlkampfchoreograph von Tony Blairs New Labour, nannte es so: »Every day is election day.« Jeden Tag stimmt der Bürger im Geiste über seine Regierung ab, ärgert sich, freut sich, je nach dem. Daraus folgt für die Politik: Man muss dem Wähler jeden Tag etwas Neues bieten, etwas zum Spielen, etwas zum Naschen, eine Überraschung und ein schönes Bild zum Angucken. Damit der Bürger sich nicht langweilt – und eventuell Misslungenes ganz schnell wieder vergisst. Ganz wie bei den Kleinen, ganz wie mit den Überraschungseiern, die Mutti vom Einkauf mit nach Hause bringt.

Öffentlich und im Vollbesitz der Kontrolle über seine Reflexe würde ein Politiker so etwas nie sagen, denn sich derart über die Wähler zu erheben, ist mit der schlimmste Fehler, den er machen kann. Ganz selten sind also die Ausrutscher, wie ihn sich CSU-Politprofi und Verkehrsminister Peter Ramsauer Anfang 2010 leistete, als er die miesen Umfragewerte für die schwarz-gelbe Koalition kurzerhand mit dem schlechten Wetter begründete, das den Wählern leider, leider »aufs Gemüt drücke«. Für einfacher gestrickt kann man die Leute kaum halten – und zwar unabhängig davon, wie blöd sie tatsächlich sind.

Auch der wichtigste Wahlkampfmanager einer der beiden deutschen Volksparteien denkt wie Alastair Campbell. Über seine Planung für anstehende Wahlen sagte er einmal mit wissendem Grinsen: Alle Personalien und vor allem die Personalüberraschungen sollten in engem Takt erst kurz vorm eigentlichen Wahltermin präsentiert werden. Warum? Antwort: »Sonst liegen die Medien und die Leute doch ganz schnell wieder gelangweilt in der Ecke und fragen: Was habt ihr noch?«

Dahinter steckt das Selbstbild vom Vorturner, vom Animateur im Ferienklub, der ein verwöhntes bis verzogenes Publikum bei Laune halten muss, wenn er nicht seinen Job verlieren will. Dahinter stecken zugleich der politische Anspruch zu führen und die vermutlich zutreffende Unterstellung, die Leute wollten politische Führung, Führung durch Politiker. Schließlich rufen auch die Medien gern danach, wenn gegen 16.30 Uhr, kurz vor Redaktionsschluss der meisten deutschen Tageszeitungen immer noch keine griffige Kommentaridee geboren ist: Führung fordern, das geht immer.

Führung ist von Ver-Führung wiederum nur eine Vorsilbe weit weg, und auch da lohnt es hinzuhören, wenn Politiker laut denken. Immer wieder gern (und öffentlich) ist nämlich die Rede von »den Rattenfängern«, denen man das Geschäft nicht ermöglichen dürfe durch das eine oder andere

Vorhaben. Damit kann gemeint sein, auf Sozialkürzungen zu verzichten, weil sonst »die Rattenfänger« von ganz Links kommen und die Leute mit süßen Versprechungen ködern. Damit kann ebenso gut gemeint sein, auf Klartext in Sachen einer scheiternden Integration arabischstämmiger Großfamilien zu verzichten, weil sonst »die Rattenfänger« von Rechtsaußen übers Land zögen, um den Leute mit schlimmen Parolen die Köpfe zu verdrehen. Aber: Wen verführt der Rattenfänger von Hameln in der wundervollen Sage, von der es heißt, über eine Milliarde Menschen auf der Welt kenne sie? Es sind »Knaben und Mägdlein, vom vierten Jahre an«; es sind Kinder. Wer also vor dem »Rattenfänger« warnt, sieht in den Deutschen ein Volk von Kindern, um nicht zu sagen ein Volk von Kindsköpfen – das auf finstere Abwege zu locken ein Leichtes ist.

Andersherum, so führt mancher Politiker zu seiner Verteidigung an, scheinen sich viele Wähler »fast wie die Kinder« nach dem weisen alten Mann an der Spitze des Staates zu sehnen, nach einer politischen Vaterfigur. Wie sonst wäre die erinnerungsselige Dauerkonjunktur eines Altkanzlers zu erklären, von dem es während und lange nach seiner Amtszeit hieß, er habe das Land ordentlich verwaltet, ihm gleichwohl keinen prägenden Stempel aufgedrückt: Helmut Schmidt. Zu seinem 90. Geburtstag überschlug sich nicht nur die von ihm mit herausgegebene Wochenzeitung *Die Zeit* mit Titelgeschichten und Mehrteilern. Er wurde mit Ehrungen überhäuft, monatelang standen mehrere Bücher von ihm und über ihn gleichzeitig auf der Bestsellerliste. Ähnliches wiederholte sich, als Richard von Weizsäcker die 90 erreichte. Dabei ist von seiner ersten Amtszeit als Bundespräsident nur eine (zugegeben historische) Rede geblieben und von seiner zweiten deutlich weniger. Wie die Alten von den Bürgern angehimmelt werden, geht nicht wenigen der aktiven Politiker mächtig auf die Nerven. Dazu ein amtierender Bundesminister: »Es kann nicht sein, dass die handelnden Politiker die Idioten sind und die ehemaligen Politiker sind die Heiligen.«

Immer häufiger geht derweil der Vorwurf an die Adresse der gegenwärtigen Politikergeneration, »nicht genug zu erklären«, »die Menschen nicht mitzunehmen«. Als gäbe es das Kind im Wähler, das an die Hand genommen werden muss, wenn es über die Straße geht. Dem Mutti und Vati zehn Mal sagen müssen, dass Hand auf heißer Herdplatte »Aua« macht.

Damit sind wir beim springenden Punkt: So wie Kinder ein bestimmtes Bild von ihren Eltern haben, weil sie deren Kinder sind, wird der Blick der Politiker auf ihre Wähler geprägt von der Funktion, die sie haben. Kinder können sich zum Beispiel nicht vorstellen, dass ihre Eltern Sex haben. Ab einem gewissen Alter wissen sie natürlich, dass es Sex gibt und was das ist; etwas später haben sie sogar selber welchen. Aber dass ihre Eltern …, das vermögen sie nicht zu denken, weil es ihre Eltern sind und der Blick auf sie der des Kindes bleibt. Heißt: Rolle und Funktion prägen die Wahrnehmung, auch bei Politikern und Wählern. Weil sie sich Fürsorge und Führung zur Aufgabe gemacht haben, können viele Politiker sich nicht vorstellen, dass die Deutschen etwas anderes überhaupt wollen könnten – als ein bisschen eben wie Kinder zu sein, die viel Fürsorge und Führung brauchen. »Es gibt da draußen eine Sehnsucht nach Eliten«, sagte der überaus erfahrene, aber am Ende glücklose CSU-Minister Michel Glos einmal, »eine Sehnsucht irgendwie nach Stärke«.

»Die Menschen wollen keinen Streit«

Wenig macht Politiker in Deutschland so ratlos wie die Frage, ob die Wähler politischen Streit nun gut oder schlecht finden, belohnen oder bestrafen. Das ist beileibe keine Nebensache, sondern hat Folgen von erheblicher Reichweite.

Zum Beispiel ist für die zweite Amtszeithälfte der gegenwärtigen Regierung damit zu rechnen, dass Union und FDP ein bestimmtes Thema wenn irgend möglich lieber vertagen als sich erneut jenes Maß an öffentlichem Streit zu leisten, das ihre Umfragewerte so tief in den Keller hat rauschen lassen. Für eine Gesundheitsreform, die von Natur aus heftig umstritten ist, heißt das: Eine Regierung, die das Publikum schon zu Beginn der Amtszeit mit quälendem Streit strapaziert hat, legt im weiteren die Latte lieber ein bisschen tiefer.

Zum Bestand der großen Koalition in den Jahren 2005 bis 2009 wiederum hat wenig so stark beigetragen wie eben die Annahme, der Bürger wolle keinen lauten Streit zwischen den beiden Regierungsparteien und werde deshalb postwendend die Partei abstrafen, die einen vorzeitigen Koalitionsbruch verschuldet. »Wer aussteigt, braucht einen sehr guten Grund, um den Leuten zu erklären, warum er *das* getan hat«, so das immer wieder (Burg-)Frieden stiftende Mantra roter wie schwarzer Abgeordneter.

Man darf getrost annehmen, dass in beiden Lagern einige Male in diesen vier Jahren über einen Koalitionsbruch nachgedacht wurde – aber immer mit demselben Ergebnis, das SPD-Fraktionschef Peter Struck nach einem besonders heiklen Moment, spät in der Nacht vor dem Tor des Kanzleramtes, dann so formulierte: »Das würde uns der Wähler nicht verzeihen. Wir sind für die gesamte Strecke gewählt.« Erst recht galt das während der Finanzkrise. Immer und immer wieder hieß es in der großen Koalition: »In der Krise wollen die Leute keinen Krawall.« Sinnbild dafür war die still-effiziente Viertelstunde jeden Mittwochmorgen, in der Kanzlerin Merkel und Vizekanzler/Herausforderer Steinmeier auch im Wahlkampf noch die jeweils anstehende Kabinettssitzung besprachen. Oder die verschwiegene Hintertreppe, welche im Jakob-Kaiser-Haus zu Berlin die Abgeordnetenbüros der beiden Fraktionschefs von Union und SPD ohne lästige Umwege über die einsehbaren Flure miteinander verband. Großen Einfluss hatte sicher auch die gemeinschaftliche Erfahrung des politisch wohl stärksten Momentes der großen Koalition, den sie am Sonntag, den 5. Oktober 2008, gegen Mittag hatte: Da traten die CDU-Kanzlerin und ihr SPD-Finanzminister im Kanzleramt vor mehrere Fernsehkameras und garantierten die Spareinlagen aller Deutschen, um einen Run auf die Banken am darauffolgenden Montag zu verhindern. Sachzwang pur, in diesem Moment wollte wahrscheinlich wirklich kein einziger Deutsche politischen Streit oder gar eine »Wirtshausschlägerei« (Peer Steinbrück).

Nicht umsonst nennt das Publikum in allen einschlägigen Umfragen »Parteiengezänk« als wichtigsten Grund für Politikverdrossenheit. Nicht umsonst kann sich schon auf Thomas Mann berufen, wer wegen der unappetitlichen, gleichsam »undeutschen« Streiterei Politiker ganz generell verachtet. In den »Betrachtungen eines Unpolitischen« schreibt Mann 1918: »Ich will nicht Politik. Ich will Sachlichkeit, Ordnung und Anstand. (...) Wenn das deutsch ist, so will ich denn in Gottes Namen ein Deutscher sein.« Bis heute heißt hierzulande die Negativsteigerung von »Politik« ganz selbstverständlich »Parteipolitik«.

Die so gescholtenen Parteien gehen davon aus, dass der

Wähler *inner*parteilichen und *inner*koalitionären Streit definitiv nicht goutiert, sondern sich alsbald nach einem Machtwort sehnt, nach Führung und Ruhe im Laden. Für die SPD gilt das ein bisschen weniger streng als für die Union, weil viele Beobachter den Sozialdemokraten traditionell zubilligen, dass sie bestimmte Diskussionen bis zur Zerreißprobe in den eigenen Parteireihen zu führen habe, gleichsam stellvertretend für die ganze Gesellschaft. Für die Union dagegen erklärt sogar CSU-Haudegen Horst Seehofer: »Unsere Leute wollen, dass wir arbeiten und nicht streiten.« Was die schwarz-gelbe Koalition freilich nicht hinderte, sich mitunter in wüsten Beschimpfungen wie »Wildsau« (FDP über CSU), »Gurkentruppe« (CSU über FDP) und »Rumpelstilzchen« (CDU-Minister über CSU-Verteidigungsminister) zu ergehen. Und selbst die Grünen sind nach Jahren im internen wie externen Grabenkrieg seit geraumer Zeit auf stillen Pfaden unterwegs, die sie 2011 oder 2012 womöglich zum ersten Mal auf einen Ministerpräsidentensessel eines Bundeslandes führen werden. Grünen-Frontfrau Renate Künast erklärt das so: »Mit einem klugen Konzept für Mobilität kommst du zwar nicht in die Tagesschau. Aber die Menschen schätzen das mehr als schrille Sprüche.«

Trotzdem ist das nur die eine Seite der Realität. Denn es ist schon so, in Sachen Streitkultur geben die Deutschen ihren Politikern Rätsel auf. SPD-Chef Sigmar Gabriel sagte jüngst der *Zeit:* »Es gibt eine Sehnsucht nach *common sense* in der Politik, es gibt aber auch eine Sehnsucht nach Unterscheidbarkeit und Polarisierung.« Klingt ein bisschen ratlos, aber was soll ein Politiker hiervon auch halten: Gut ein Dutzend verschiedener Polit-Talkshows im deutschen Fernsehen bestehen im wesentlichen aus hoch redundantem Streit unter Politikern, manchmal luzide, häufiger jedoch irgendwo siedelnd an der Grenze zwischen Krawall und Klamauk. Ein

Millionenpublikum finden sie dennoch, immer und immer wieder, sonntags wie wochentags. Hier müssen Politiker hin, wenn sie ihre Positionen unters Fernsehvolk bringen wollen. Außerdem gehen die Spitzenpolitiker der Parteien felsenfest davon aus, dass ein bestimmter Teil des Volkes, ihr jeweiliges Fußvolk nämlich, Krawall mit dem politischen Gegner will – je mehr desto besser. Vom Merkel-Intimus Volker Kauder ist der Satz überliefert, wonach für ihn eine der wichtigsten Lehren der großen Koalition sei, »wie sehr doch für die Parteien Politik aus dem Gefühl besteht, einen Gegner zu haben«. Damit meint er vor allem jene Abertausende von Parteimitgliedern, die vor Ort, in Fußgängerzonen und Einkaufszentren, den Wahlkampf auf die Straße tragen. Der Wille, endlich wieder einmal volle Attacke gegen die andere Volkspartei zu gehen, reicht auch bis in den Bundestag. »Eine weitere große Koalition machen die Abgeordneten nicht mit. Sie wollen wieder die Auseinandersetzung mit der anderen Seite«, hieß es im Sommer 2009 unisono in den Fraktionsführungen von Union und SPD.

Zwischenfazit: Die Politiker glauben über den Wähler zu wissen, dass ihn partei-interner Streit abstößt. Und sie wissen, dass der Streit mit dem großen politischen Gegner die eigene Truppe anfeuert. Aber ob dieser Streit der Parteien untereinander den größten Teil der Wähler nun abstößt oder begeistert – das wissen sie leider nicht: Die politischen Raufbolde Gerhard »Basta« Schröder und Joschka Fischer brachten es ebenso zu großer Beliebtheit und besten Wahlergebnissen wie ihre präsidial moderierenden Gegenentwürfe Angela Merkel, Saarlands Landesvater Peter Müller und der Ministerpräsident von Brandenburg, Matthias Platzeck.

Das Bild vom harmoniesüchtigen Bürger passt allerdings bestens zur Sicht der Kanzlerin auf ihre eigenen Stärken – und die liegen gewiss nicht im rauflustigen Auftritt, der lustvollen Zuspitzung oder sonstigen Marktplatzqualitäten. O-Ton Kanzlerin: »Ich habe immer wieder festgestellt, dass ich besonders viele Briefe bekomme, wenn ich im Wahlkampf schreie. Die Menschen mögen das nicht.« Dasselbe hätte auch Frank-Walter Steinmeier, der »perfekte Politikmanager« (Kurt Beck über ihn) sagen können. Steinmeier kann zwar Gerhard Schröders Stimmlage gut nachmachen, aber ein Wahlkampftier ist er nie und nimmer – wollte es auch nicht sein. »Yes, we gähn!« titelte *Bild* nach dem ersten und einzigen Fernsehduell der beiden Spitzenkandidaten.

Es gibt nicht wenige, die davor warnen. Zum Beispiel der Alterspräsident des Bundestages, Ex-Forschungsminister Heinz Riesenhuber: Gerade bei jungen Politikern beobachte er ein Übermaß an Pragmatismus und viel zu wenig Ideologie, erklärte er in einem Zeitungsgespräch. Das sei nicht gut. »Was sind die Grundsätze? Die Unverwechselbarkeit der Parteien hat sich reduziert. Das hat bei uns zur Folge, dass das Engagement der Bürger abflaut.«

Sei es, wie es sei: Der blutarme Streitvermeidungswahlkampf 2009 trug Angela Merkel die zweite Amtszeit als Kanzlerin ein. Doch eine exakte Kopie dieses so genannten »Demobilisierungswahlkampfes« katapultierte den nordrhein-westfälischen Landesvater Jürgen Rüttgers ins Aus. Zugleich gelang dem Lautsprecher Sigmar Gabriel, die SPD zu stabilisieren, und Stefan Mappus steht in Baden-Württemberg streitlustig für einen Pro-Atom-Kurs und verteidigt mit Macht das Mega-Bahnprojekt »Stuttgart 21« – auf den alles umschmeichelnden Hauch des versöhnlichen Landesvaters verzichtet er dabei. Im Gegenteil: Im Superwahljahr 2011 kehrt die Polarisierung der Rechts-Links-Lager zurück. Es scheint in Wahrheit also noch lange nicht ausgemacht, dass die Deutschen auf Dauer keinen (Wahlkampf-)Streit wollen. Er wurde ihnen wegen der Krise und der besonderen Gesetzmäßigkeiten der großen Koalition nur eine Zeitlang nicht geboten. Und zwar exakt von jenen maßgeblichen Politikern, deren eigener Stil nicht dazu gepasst hätte, weshalb sie gern darauf verzichteten. Heißt: Ob dieses Bild vom Bürger auf Dauer stimmt, ist offen. Politiker mit Zukunft sollten sich auf die Harmoniesucht der Wähler lieber nicht verlassen.

»Der Wähler wird immer unberechenbarer«

Ach, waren das noch Zeiten, als nur drei, später vier Parteien sicher im Bundestag und in den Landtagen saßen. Als Lager noch Lager waren und am Wahlabend nach den ersten Hochrechnungen feststand, welche Koalition gesiegt hatte und fortan regieren würde. Heute dagegen halten maßgebliche Politiker die Wähler für so wenig berechenbar wie nie zuvor. Und die Wähler das Wählen für so wenig durchschaubar wie nie zuvor.

Das Schlimme ist: Beide haben Recht.

Was die Wahlen der beiden vergangenen Jahre bereits gezeigt haben, wird sich 2011 nicht ändern: »Stammwähler gibt es eigentlich nicht mehr.« So das Urteil des Junge-Union-Chefs Philipp Missfeder nach einer ernüchternden Vorstandsklausur seiner Partei. Und der langjährige SPD-Minister und -Fraktionschef Peter Struck schätzte im lockeren Kreis den Anteil der wirklich verlässlichen Stammwähler der SPD einmal auf 13 Prozent. »Das sind die, die auch einen Besenstiel wählen würden, wenn wir einen aufstellen.« Forsa-Chef Manfred Güllner spricht vornehm von »nachlassender Bindekraft der Parteien«. Bei den »experimentierfreudigen« Jüngeren schaffte es zuletzt keine Partei mehr über die Marke von 20 Prozent der Stimmen. Und die »Piraten-Partei« brachte es bei der Bundestagswahl aus dem Stand, ohne Spitzenpersonal, ohne Programm und ohne klassische Wahlkampfmittel bei Erstwählern auf acht Prozent. Eine Kampfansage gleichsam aus dem Off, aber nicht von der schnell wieder verblassten »Piraten-Partei« an die Konkurrenz, sondern von den Wählern an die etablierte Politik: »Ihr kennt uns nicht mehr!« Besonders bitter ist das für die so genannten Volksparteien. Nur noch bei den über 60-Jährigen holen CDU/CSU und SPD zusammen 75 Prozent der Stimmen. Nur noch bei den Alten ist das Parteiensystem so aufgestellt wie in den ersten 40, 50 Jahren der Nachkriegszeit.

Bitter ist das auch für die klassisch arbeitenden Demoskopen. Sie sind (außer Allensbach) auf Telefonkontakt mit ihren Befragten angewiesen, und zwar über das Festnetz der Deutschen Telekom. Allein: Die jungen Leute haben oft nur noch ein Handy und sind deshalb kaum noch zu erfassen. Das zwingt zu halsbrecherischen Korrekturkonstruktionen, um das fehlende Segment in das Endergebnis hineinzurechnen. Ein Spitzenmann der CDU erinnert sich an den Tag der Europa-Wahl: »Ich hätte bis mittags jeden für verrückt erklärt, der die SPD bei 22 Prozent gesehen hätte.« Vom damaligen SPD-Spitzenkandidaten Frank-Walter Steinmeier sind aus der Spätphase des Bundestagswahlkampfes diese Sätze überliefert, die er über die Kanzlerin und den CSU-Star Karl-Theodor zu Guttenberg sagte (aber in Wahrheit über den Wähler, das unbekannte Wesen): »Der Hype um Guttenberg – ich versteh' es nicht. Die Merkel-Euphorie – ich versteh' es nicht.« Und CDU-Innenexperte Wolfgang Bosbach, seit mehr als 16 Jahren im Bundestag, seufzte in einem unbeobachteten Moment: »Das nächste Mal nehmen wir gleich Pendel und Glaskugel.«

Ebenso rätselhaft ist der anhaltende Trend zur Last-Minute-Wahl. Der Politikwissenschaftler Werner Weidenfeld (Uni München) meint, dass sich inzwischen sogar »viele erst auf dem Weg zur Wahlkabine entscheiden«. Die Wahlforscher im Auftrag von ARD und ZDF fanden heraus, dass zwischen den Bundestagswahlen 2002, 2005 und 2009 die Zahl der Spätentschlossenen massiv angestiegen ist. 2002 gaben nur sieben Prozent an, erst am Wahltag selbst entschieden zu haben, wo sie ihr Kreuz machen wollten. 2005 lag dieser Anteil schon bei 13 Prozent, 2009 noch einmal spürbar höher. Der Anteil derer, die sich in den »letzten Wochen, letzten Tagen oder am Wahltag« entschieden, wuchs von 35 auf 49 Prozent. Die Parteien macht das ratlos, denn: »Bislang weiß man nichts über Spätentscheider«, heißt es trocken in einer internen CDU-Analyse.

Mehr noch: In der Kabine splitten die Bürger immer öfter ihre Stimmen. Im Jahr 1980 wählten nur rund zehn Prozent mit der Zweitstimme eine andere Partei als mit der Erststimme. 2009 waren es 25 Prozent, Tendenz steigend. Das lässt zwar auf größere politische Mündigkeit schließen – aber berechenbar ist es nicht. Bei der Bundestagswahl 2009 konnten sich 28 Prozent alle Wähler vorstellen, genauso gut Union wie SPD zu wählen. Knapp 25 Prozent pendelten im Geiste zwischen SPD und Grünen, 18 Prozent zwischen Union und FDP. O-Ton der CDU-Analyse: »Allein anhand dieser Befragungsergebnisse wird deutlich, wie groß die Volatilität geworden ist und dass klassische Stammwählerpotentiale, die sich nur für eine Partei entscheiden können, deutlich zurückgegangen sind.«

Das hat Folgen. Mittlerweile ist den Parteistrategen ein Wähler, der daheim bleibt, fast ebenso lieb wie einer, der die eigene Partei wählt: Die CDU versucht alles, dass die SPD-nahen Wähler nicht an die Urnen gehen, beziehungsweise unterlässt alles, was sie dorthin treiben könnte. Und die SPD versucht dasselbe, nur andersherum. Gemessen an der stetig sinkenden Wahlbeteiligung sind beide recht erfolgreich.

Zudem will keiner mehr in die Ypsilanti/«Lügilanti»-Falle tappen, also vor der Wahl eine Koalitionsvariante kategorisch ausschließen, die sich nach der Wahl als die einzige entpuppt, welche rechnerisch überhaupt funktioniert. Wenn aber jeder mit jedem kann (von einem Tandem Union-Linkspartei abgesehen), dann wird die Wahlurne zur Lostrommel. Vor den letzten Wahlen versuchten sich die Blätter von *Zeit* bis *Bild* an einer Ratgebermatrix für den rationalen Wähler: Wo muss ich mein Kreuz mit Erst- und Zweitstimme machen, wenn ich welche Koalition bevorzuge? Abgesehen von den verwirrend vielen bunten Kästen, kamen irgendwie auch seltsame Ergebnisse heraus. Die CDU zum Beispiel durfte gemäß dieser Anordnungen niemand wählen, der auf eine kleine Koalition Union/FDP aus war; aber auch niemand, der eine große Koalition mit der SPD wollte. Hätten sich also alle, die Angela Merkel als Kanzlerin bis 2013 behalten wollten, rational und matrixkonform verhalten, hätte die CDU mit der Fünf-Prozent-Hürde zu kämpfen gehabt – worauf der damalige Regierungssprecher Ulrich Wilhelm manchen Journalisten denn auch unwirsch hinwies, als die Kombinationitis in den Medien überhand nahm. Experimentierfreudigen Beobachtern mag ganz ehrlich gefallen, dass immer neue Koalitionen entstehen, zwischenzeitlich Schwarz-Grün in Hamburg, »Jamaica« im Saarland, eine rot-grüne Minderheitsregierung mit wechselnden Mehrheiten in Nordrhein-Westfalen – und was in den Landtagswahlen 2011 noch alles an Farbenspielen folgen wird. Dass sich die politische Landschaft verändert, muss wahrlich kein Schaden sein, viele andere Staaten in Europa leben schon seit langem damit. Wahr ist aber auch: Keine der beteiligten Parteien hat mit den genannten, später eingetretenen Regierungskonstellationen Wahlkampf gemacht. »Der Wähler hat uns dazu gezwungen«, heißt es. Oder drastischer: »Das haben die Leute jetzt davon!«

Die Frage, »ob der Wähler irren kann«, mag in diesem Zusammenhang wie ein akademisches Gedankenspiel wirken – aber wenn Politiker sich in wachsender Zahl diese Frage stellen, verändert das die Politik, zumindest jedoch die

Parteien. Das kann in akute Bockigkeit münden, wie sie der *Stern* bei der Linkspartei beschrieb und dazu einen hohen Funktionär zitierte: »Lafontaine denkt, uns müssten eigentlich 25 Prozent wählen. Er ist von den Wählern tief enttäuscht.« In deutlich ernsterem Zusammenhang heißt »irren« aber auch: Die Wähler produzieren ein Ergebnis, mit dem die Parteien nach den gewohnten und geübten Mustern nicht mehr schlüssig umzugehen wissen. Die SPD zum Beispiel bleibt nicht dieselbe, wenn sie allzeit bereit für Koalitionen mit FDP, mit Grünen oder mit der Linkspartei sein muss – oder mit allen zugleich. Der Göttinger Staatsrechtler Christoph Möllers warnt: »Solange wir Politik brauchen, brauchen wir kollektive Unterscheidungen wie die zwischen Rechts und Links. Mit den politischen Lagern sind wir noch lange nicht fertig.« Die Allensbacher Meinungsforscher kamen nach der Bundestagswahl zu dem Schluss: »Die Politikparodie von Hape Kerkeling in Gestalt von Horst Schlämmer war der Bevölkerung so viele Gespräche wert wie die Spitzenkandidaten« von Union und SPD. In Umfragen von Forsa konnten sich zwischenzeitlich 18 Prozent der Befragten »vorstellen«, die Horst-Schlämmer-Partei zu wählen – was eben nicht nur etwas über die realen politischen Alternativen sagt, sondern auch über die Ernsthaftigkeit der Deutschen. Nicht umsonst kursieren in der Münchner CSU-Zentrale unter Generalsekretär Alexander Dobrindt demoskopische Untersuchungen, wonach es für den einzelnen Politiker inzwischen wichtiger ist, »bekannt« zu sein als »populär« (im Sinne von beliebt).

Die Folgen sind klar: Die Wahlkämpfe verdichten sich immer stärker in den drei Wochen vor dem eigentlichen Termin. »Vorher verpufft bei den Menschen alles, was wir sagen könnten«, erklären erfahrene Wahlkämpfer verschiedener Parteien einhellig. Bayerns Ministerpräsident Horst Seehofer sagt sogar: »Ich habe in den letzten Jahren ausnahmslos Wahlkämpfe erlebt, die auf der Zielgeraden entschieden wurden.« Was die Parteien haben, werfen sie großenteils während dieser kurzen Spanne in die Schlacht und fürchten mehr denn je den rasanten Wechsel der politischen Themen, die »Sau, die als nächstes durchs Dorf getrieben wird«. Tatsächlich wechseln unmittelbar vor wichtigen Wahlen Hui und Pfui schneller ab als früher, die Medien sind daran gewiss nicht unschuldig. Hektisch waren die letzten Wochen vor einer Wahl zwar immer schon – heute sind sie allerdings um einiges entscheidender als zu Zeiten, in denen längerfristige Bindungen in sozialen und politischen Milieus das Wahlverhalten der Mehrheit prägten. Oder wie das begnadete Lästermaul Henryk M. Broder sagt: »Das ist das Schöne an demokratischen Gesellschaften, man weiß nicht, wie es ausgeht: Ich glaube 90 Prozent ist Zufall und der Rest ist Glück.«

»So kenne ich die Deutschen gar nicht«

Anfang 2009 wird die *Bild*-Zeitung mit einem Medienpreis für ihre Berichte über die Finanzkrise und deren Folgen ausgezeichnet. Bankenverbandschef Klaus-Peter Müller sagt als Laudator zur Begründung: *Bild* erhalte den Preis »für sachliche, verhaltene und hysteriefreie Berichterstattung über die Bankenkrise«. Und an die Adresse der verantwortlichen Redakteure: »Sie haben der Versuchung reißerischer Schlagzeilen widerstanden und so dazu beigetragen, dass der Ansturm auf die Bankschalter ausblieb.« Das klang zwar wie wider Willen vergiftet, wie das ungläubige »Lob« für einen notorischen Verkehrsrowdy, der endlich einmal eine ganze Woche lang kein Kind auf dem Zebrastreifen totgefahren hat. Aber es sagte indirekt auch eine Menge über die Deutschen – und wie sie nicht sind. Nicht *mehr* sind.

Auch wenn die Finanzkrise fürs erste wieder vergessen scheint, auch wenn die deutsche Wirtschaft ihren beispiellosen Einbruch annähernd wettgemacht hat – ein Satz wird hoffentlich bleiben, wie ihn sinngemäß ganz viele Politiker von CDU/CSU, SPD, Liberalen und Grünen im Lauf der vergangenen zweieinhalb Jahre immer wieder formulierten: »So kenne ich die Deutschen gar nicht!«

Staunend, geradezu ungläubig blickten Politiker aus Regierung und Opposition auf die Bürger, nannten sie »ernsthaft«, »vernünftig« oder »einfach total gelassen«. Vorläufiges Fazit des Heidelberger Politologen Manfred Schmidt: Die Gefasstheit der Deutschen in der Krise »grenzt an ein Wunder«. Oder wie es ein damaliges sozialdemokratisches Kabinettsmitglied im kleinen Kreis sagte: »Man lernt das deutsche Volk von einer Seite kennen, die mich beruhigt.« Und die ihm wohl neu war. Schließlich war das Bild von den Deutschen, facettiert durch zahllose Umfragen und Studien, über Jahrzehnte ein ganz anderes. Geprägt von »german angst« vor wahlweise Krieg, Waldsterben, Atomtod, Klima-Erwärmung oder vor allem zugleich. Wer hätte vor diesem Hintergrund nicht darauf gewettet, dass die Beinahe-Kernschmelze im Bankensektor, der brutale Konjunkturabsturz weltweit oder später die von Griechenland ausgelöste Euro-Krise sich nicht zum nächsten, kollektiven Zukunftstrauma in Deutschland auswachsen würde? Was hatten auch ernstzunehmende Experten nicht prophezeit: »Sechs Millionen Arbeitslose« (Achtung, Demokratie-Abkehr und Hitler-Comeback!). »Soziale Unruhen« (Achtung, Linkspartei über 50 Prozent!). »Das Ende des Euro« (Achtung, Kriegsgefahr in Europa!). Und zu welchen extremen Mitteln und Worten hatte die Bundesregierung gegriffen: Erst der Rettungsschirm für die deutschen Banken, dem später noch die Teilverstaatlichung großer Häuser folgte; dann die Garantieerklärung für alle deutschen Sparguthaben, der Staatsfonds für krisengeschüttelte Unternehmen bis hin zum 750-Milliarden-Euro-Rettungsschirm für die europäische Gemeinschaftswährung. Zeitweilig malte man an höchster Stelle den Untergang des internationalen Bankensystems an die Wand oder aber das Auseinanderbrechen des Euro – vermutlich mit handfesten Gründen, wenn die Berichte über dramatische Nachtsitzungen und Zentralbanker am Rande des Nervenzusammenbruches auch nur annähernd zutreffen.

Kurzum: An Krisentremolo und Krisenbeschlüssen seitens der Regierung (und in der Folge an Krisenmeldungen seitens der Medien) fehlte es nicht. Doch die Deutschen ließen sich nicht wirklich beeindrucken, zeigten »stiff upper lipp«, als wären sie Briten. Die Politiker staunten, der damalige Finanzminister Peer Steinbrück resümierte am Ende mit Stolz in der Stimme: »Die Deutschen haben sich nicht hysterisch machen lassen.«

Aber mehr noch: Als die große Koalition Milliarden-Bürgschaften für den maroden Autobauer Opel beschloss, mussten sich die Politiker von Regierung wie Opposition erneut belehren lassen. Ein Spitzenmann der Union berichtete damals von einem vertraulichen Treffen mit der Allensbacher Chefdemoskopin Renate Köcher: »Frau Köcher hat uns Zahlen, absolut gehärtete Zahlen, gezeigt, wonach mehr als die Hälfte der Befragten noch mehr Steuergeld für Opel klar ablehnen. Die Leute wollen kein Geld verbrennen sehen.« In Aussicht gestellt wurden die Milliarden dennoch, offenkundig war das Bild, das die meisten Verantwortlichen von den Deutschen im Kopf hatten, stärker als die Allensbacher Zahlen. Ähnlich bei der populistischen »Rettung« des Quelle-Konzerns durch Ministerpräsident Horst Seehofer, die selbst in dessen Bundesland Bayern 70 Prozent der Befragten ablehnten. Ähnlich auch, als die herunter gewirtschaftete Karstadt-Warenhauskette (Arcandor) um Staatshilfe bat: Der damalige SPD-Vormann Franz Müntefering wollte sie retten lassen, hoffte auf Zuspruch der Bürger und täuschte sich damit gewaltig. Bis tief hinein in die Reihen der SPD-Wählerschaft stellten sich breite Mehrheiten gegen eine Karstadt-Rettung, die der Staat schließlich unterließ. Und am Ende behielten die Leute Recht: Für Opel fand sich eine Lösung ohne Staatsgeld, für Karstadt auch. Und Quelle ging trotz Staatshilfe unter. Schlussfolgerung des SPD-Wahlkampfmanagers Kajo Wasserhövel: »Die Menschen lassen sich von der kumulierten Medienlage nicht mehr beeindrucken, sie koppeln sich ab. Wahlentscheidend ist das persönliche Gespräch. In der Familie, unter Freunden und am

Stammtisch.« Selten war der Unterschied zwischen populis-
tisch und populär so groß. Im ganzen Superwahljahr 2009
hatte die Wirtschaftskrise keinen sichtbaren Einfluss auf
die Sonntagsfrage. Und nicht nur das: Über das ganze Jahr
hinweg legte ausgerechnet jene Partei sensationelle Ergebnisse hin, die sich ungeniert zu einem fröhlichen Kapitalismus bekannte – die FDP. Auch bei den Wahlen des Jahres
2010 und 2011 scheint die Wirtschaftskrise keine entscheidende Rolle gespielt zu haben oder noch zu spielen. Die
Krise ist noch nicht vorüber. Aber an der Urne ist sie nie
angekommen.

In internationalen Vergleichsstudien legen die Deutschen
darüber hinaus das größte Maß an Zuversicht an den Tag.
Mitten in der Krise stieg der Wunsch nach Kindern deutlich
an, wuchs unter den Jungen der Anteil der Zuversichtlichen
deutlich. Mitten in der Krise schrumpfte sogar die Zahl derer
um ein Drittel, die der Meinung sind, in der Gesellschaft gehe
es ganz allgemein »ungerecht« zu. Fazit eines damaligen Ministers: »Wir haben uns in den Leuten getäuscht. Die sind
realistischer, als viele in der Politik glauben.« Von der Krise
ließen sie sich nicht aus der Ruhe bringen, und dem schnellen
Aufschwung danach trauten sie lange nicht.

Dreh- und Angelpunkt dafür ist bis heute die Lage auf
dem Arbeitsmarkt. Soziologische Studien belegen, dass auf
jeden neuen Arbeitslosen drei Personen im Bekanntenkreis
kommen, die sein Schicksal auch um den eigenen Job bangen
lässt. Arbeitslosigkeit ist also der größte Brandbeschleuniger
für eine gesellschaftliche Verunsicherung, die jederzeit auch
auf die Politik übergreifen könnte. »Die Leute wollen jetzt
keine Prinzipienreiterei«, sagten nicht wenige Politiker in jenen Krisenwochen, als sie beim Abschied von der Erhard-
schen Ordnungspolitik die Tür für staatliche Interventionen
so weit aufmachten, dass sogar ein Gesetz zur Bankenverstaat-

lichung hindurch passte. »Die Leute wollen, dass wir etwas für die Wirtschaft und die Jobs tun. Ob sich Ludwig Erhard dabei im Grabe dreht, ist denen schnuppe.« Pragmatismus pur also. Umso entscheidender, dass die Krise den Arbeitsmarkt bei weitem nicht in dem befürchteten Maße erreichte. Die Regierung schuf dazu kurz entschlossen eine kostspielige aber wirksame Kurzarbeiterregelung, die Unternehmen wiederholten die Fehler der Vergangenheit nicht, sondern hielten ihre Stammbelegschaften, und die Arbeitnehmer selbst verzichteten in der Kurzarbeit auf einen Teil ihrer Gehälter. Dieses Krisenopfer ist in Euro schwer zu beziffern, dürfte sich aber auf mehrere Milliarden summieren, die die Firmen bislang sparten. Das zeigte: der deutsche Arbeitsmarkt, die deutschen Unternehmer, die deutschen Arbeitnehmer — allesamt besser als ihr Ruf. Das Ausland, die USA inklusive, sprechen vom »german job-wunder«; 2010 und 2011 ist Deutschland die Wachstumslokomotive in Europa, wird von China und Russland geradezu hofiert. Ein seltenes Zusammenspiel zwischen einer gelassenen Bevölkerung und einer entschlossen agierenden Politik, die bestimmt nicht alles richtig macht, aber doch eine Menge. »Darauf kann man stolz sein«, sagt der neue Bundespräsident Christian Wulff. Recht hat er.

Und was macht die Politik nun aus diesem Stolz und mit ihrem neuen Urteil über die Deutschen in der Krise? Nicht viel, muss man leider sagen.

Eine umfassende soziologische Untersuchung zu den »neu-coolen« Deutschen in der Krise ist meines Wissens ebenso unterblieben wie eine große Rede der Kanzlerin oder des Bundespräsidenten. Was hätte man aus dem Thema machen können, von ehrlichem Lob und öffentlichem Dank bis zur strategischen Neuausrichtung von politischer Kommunikation? Es ist, als würde sich die deutsche Politik kaum trauen, irgendwelche grundlegenden Schlussfolgerungen aus der Krisenfestigkeit der Wähler zu ziehen.

Bleibt die Frage: Können oder wollen die Politiker nicht? Letzteres, wenn das Motto eines prominenten FDP-Abgeordneten zutrifft: »Besser nicht dran rühren.« Von dieser Einstellung selbst sediert, verstolperte die schwarz-gelbe Regierung große Teile ihrer ersten Halbzeit im Amt. Sie zögerte und zauderte, das eigene Programm anzugehen – weil man den vermeintlich krisengeschüttelten Wählern nicht viel zumuten wollte und so in den alten Mustern gefangen blieb. Inzwischen besteht die größte Hoffnung der Regierungskoalition darin, dass die »Lage nachweislich besser ist als die Stimmung«. Aber die Nerven in der Koalition flattern weiterhin mächtig. Die SPD wiederum versucht sich in einer Rolle rückwärts nach der anderen, trennt sich mit stark verengtem Blick auf ihren eigenen Funktionärsmittelbau Stück für Stück von der die Reformagenda 2010 – und krebst weiter bundesweit unter 30 Prozent in den Umfragen. Nur die Grünen sind im anhaltenden Höhenflug und können sich auf das Superwahljahr 2011 freuen. Sie scheinen die Zeichen erkannt zu haben, wenn denn der Satz von Grünen-Fraktionschef Jürgen Trittin für die Sicht der ganzen Partei steht: »Es gibt eine Sehnsucht nach Ernsthaftigkeit und ernsten Auseinandersetzungen.«

Und es gibt tatsächlich bemerkenswerte Regungen, die hoffen lassen. In Schleswig-Holstein will der Nachfolger von CDU-Ministerpräsident Peter Harry Carstensen den Trend zu Gelassenheit und Pragmatismus nutzen, der in der Krise zutage trat. Christian von Boetticher sagt ganz offen: »Die Leute sind jetzt bereit zum Sparen.« Er will es probieren. Das kleine Bundesland im Norden riskiert einen sehr weit reichenden, ehrgeizigen Sparkurs und will die Bürger partout nicht fürchten. In Hessen wiederum wird die CDU/FDP-

Landesregierung ihren harten Konsolidierungskurs einer Volksabstimmung unterwerfen – ein beispielloser Versuch, die Verbindung zwischen Wählern und Gewählten gerade bei der Frage aller Fragen neu zu knüpfen. Quod erat demonstrandum.

Schluss: Wer sagt's dem Wähler?

*Sie sind recht widersprüchlich geworden, manchmal
kindlich ängstlich, manchmal recht erwachsen.
Sie reden eine Menge dummes Zeug, manchmal sagen
sie etwas Vernünftiges.*

So beschrieb Regisseur Ingmar Bergman die Hauptfiguren
seines Films »Szenen einer Ehe«. Und nicht nur dieser Titel,
längst ein geflügeltes Wort, sondern auch der Satz insgesamt
passen auf Wähler und Gewählte in Deutschland. Viele Politiker könnten ihn Wort für Wort über die Bürger sagen – und
die Bürger über ihre Politiker ebenso. Das fasst viel von dem
zusammen, was dieses Buch beschreiben und zur Diskussion
stellen will: Der Frust der Politiker über die Bürger ist so groß
wie der Frust der Bürger über ihre Politiker.

Das Bild, das sich die Politiker von den Deutschen machen, hat von Anfang an Entscheidungen geprägt, kleine wie
ganz große. »Kinder kriegen die Leute immer«, sagte vor
mehr als 50 Jahren Konrad Adenauer – und setzte mit diesem
Bild im Kopf das umlagefinanzierte Rentensystem gegen die
kapitalgedeckte Variante durch. Auch wenn man es ihm heute
nicht vorwerfen mag, weil er es vermutlich nicht besser wissen
konnte: Was für ein Irrtum, was für Folgen.

Vor allem in den Volksparteien besteht heute das Bild der
Politiker von ihren Wählern aus vielleicht einem Dutzend
schlichter Sätze, aus nüchternen Wahrheiten und platten
Irrtümern gleichermaßen: Die Wähler sind undankbare
Kunden. Rentner denken nur an sich. Immer weniger Bürger
haben Ahnung von Politik und interessieren sich dafür. Sie

147

wollen kein Reform-Tam-tam; sie sind immer weniger berechenbar, aber tief in ihrem Herzen weiterhin leicht zu verführen. Klartext kann man ihnen nur in hoch riskanten Ausnahmefällen zumuten. Oft muss man sie an die Hand nehmen wie die Kinder. Streit mögen sie gar nicht. Aber vergesslich sind sie zum Glück auch.

Diese Ansichten sind allesamt auf das amorphe Gesamtwesen namens Wähler, auf die »schweigende Mehrheit«, auf »die Leute« schlechthin gemünzt. Manche von ihnen sind nachweislich falsch, einfach überholt und führen in die Irre. Zuweilen sind die Deutschen eben längst besser als ihr Ruf. Andere Politikerurteile über die Deutschen lassen sich in vielfacher Hinsicht belegen und verifizieren; sie stimmen ganz einfach und führen weniger zu Zynismus als zu tiefer Ernüchterung – und Trotz. Denn in vielen dieser kurzen Sätze über die Wähler geht es im Geiste mit dem Wörtchen »trotzdem« weiter: Die Wähler sind undankbar, trotzdem machen wir ihnen Geschenke. Die Wähler interessieren sich nicht für Politik, trotzdem muss sie gemacht werden. Die Wähler haben keine Ahnung, trotzdem sind sie der Souverän. Dieser Trotz kann sich durchaus messen mit dem Ärger und der Verachtung, den die große Mehrheit der Wähler beim Anblick ihrer Volksvertreter empfindet. Politikverdrossenheit der Bürger und Bürgerverdrossenheit der Politiker gehören zusammen, sie sind die zwei Seiten derselben Trennmauer. Die neue Nummer Zwei der CDU, der nordrhein-westfälische Landeschef Norbert Röttgen spricht inzwischen von »Parallelwelten«.

So gesehen ist es aberwitzig, die Schuld an diesem manifesten Problem ausschließlich in einer dieser Welten zu suchen, bei den Politikern und ihren Schwächen oder Fehlern nämlich. Wenn eine vielfältig geknüpfte, Jahrzehnte alte Beziehung Stück um Stück mürbe wird, dann vollzieht sich das niemals nur auf einer der beiden Seiten, dann ist niemals eine

Seite allein verantwortlich. Erstaunlich, dass alle Alltagserfahrung so gar nichts gelten soll bei der Diagnose, warum in Deutschland Wähler und Gewählte einander immer weniger vertrauen und immer weniger zu sagen haben. Der frühere Verfassungsrechtler Ernst-Wolfgang Böckenförde hat einmal gesagt, dass in einer Demokratie »das Handeln der Leitungsorgane so beschaffen ist, dass die Einzelnen und die Bürger insgesamt (das Volk) in diesem Handeln sich wiederfinden können«. Was aber, wenn die gar nicht suchen? Und wie kann es gelingen, auch einmal die Defizite der Bürger zu benennen und hier Abhilfe zu schaffen?

Es mag in Mode gekommen sein, ein politisches Büchlein mit zehn Thesen zu beschließen, wie denn, hoppla-hopp, alles besser wird. Diese Art von Politikberatung sackt meistens auf ein Niveau herab, das amtierenden Politikern nie und nimmer durchgelassen würde: »Mehr Bürgerbeteiligung«, heißt es also gern. »Mehr Transparenz« oder: »Mehr Mut«. Ebenso gut könnte man sich wünschen: »Mehr Besser«.

Ich wünsche mir, mit Verlaub, etwas anderes. Ich wünsche mir von den Politikern weniger Runterschlucken und mehr Selbstverteidigung. Schluss also mit dem »Polit-Sadomasochismus« (Miriam Meckel) der Politiker.

Das heißt zum einen: Schluss mit so unseligen Sätzen wie dem des SPD-Vorsitzenden Sigmar Gabriel, als er den rotgrünen Bundespräsidenten-Kandidaten vorstellte: »Joachim Gauck bringt ein Leben mit ins Amt. Christian Wulff eine politische Karriere.« Man musste kein Fan des damaligen niedersächsischen Ministerpräsidenten sein, um zu erkennen: Da wird ein ganzer Berufsstand ohne Maß herabgewürdigt – und noch dazu von einem aus den eigenen Reihen. Wer so wenig von seinesgleichen hält, der soll sich bitte nie mehr wundern, dass es der Wähler ähnlich sieht. Alle Politiker, die aus der politischen Auseinandersetzung ein Rattenrennen machen, vergessen, dass auch der Sieger solcher Rennen immer eine Ratte ist. Mehr noch: Wer das Publikum zu Verachtung einlädt, betreibt negative Auslese. Übrig bleiben jene Politiker, deren Selbstachtung auch die gröbste Demütigung noch hinzunehmen bereit ist. Ob das die Politiker sind, die wir uns wünschen und die wir brauchen, ist wohl keine ernsthafte Frage.

Mindestens so wichtig ist aber etwas anderes: Politiker aller Parteien sollten nicht länger schamvoll darüber schweigen, dass ihr Kommunikations- und Imageproblem *auch* mit der Auffassungsgabe der Bürger, mit deren Defiziten und jämmerlich geringem Interesse zu tun hat. Denn so sehr man den Feuereifer der bürgerlichen Demonstranten gegen »Stuttgart 21« begrüßen soll, so klar ist doch auch: Nur weil sie jetzt einmal auf die Straße gehen, haben sie ja nicht automatisch mehr Recht als die Politiker (oder die Befürworter von »Stuttgart 21«). SPD-Fraktionschef Frank-Walter Steinmeier fasst es in höfliche Worte: »Empörung ist noch keine Kategorie, nach der ich über die Richtigkeit demokratischer Entscheidungsprozesse befinden kann.« Es wird eine der spannendsten politischen Fragen des Jahres 2011 werden: Bricht sich am Beispiel Stuttgart eine ganz neue Bürgerbeteiligung Bahn – der aber womöglich der Bürgersinn fehlt? Eine Bürgerbeteiligung, die auf das Jetzt und die persönliche Betroffenheit weit mehr achtet als auf die Lebensverhältnisse der nächsten Generation? Und wie geht die Parteipolitik damit um, dass ihre tradierten Verfahren von Meinungsbildung und Beschlussfassung radikal in Frage gestellt werden?

Offenkundig ist allemal, dass sich das übliche Desinteresse und die neuen Missverständnisse als resistent gegen jedweden Einsatz staatlich administrierter politischer Bildung erwiesen haben. Ein ganzer akademischer Bereich muss heute einräumen, dass trotz bester Absichten und massiven Mitteleinsatzes ein wachsender Teil der Bevölkerung seine Ahnungslosigkeit ebenso wie seine Rechtgläubigkeit geradezu frivol zur Schau stellt.

Ich finde, die Debatte um Politik, darum, wer sie machen soll und wie, hat eine dramatische Unwucht. Ein kleines Spielchen beweist es: Wer bei der Internetsuchmaschine *Google* das Stichwort »Politikverdrossenheit« eingibt, erhält im Handumdrehen über 90 000 Einträge, das entsprechende *Wikipedia*-Schlagwort ganz oben. Wer dagegen »Bürgerverdrossenheit« eingibt, erhält rund 900 Einträge, meist wirre Blogs. Und *Google* »fragt« zurück: Meinten Sie »Bürger Verdrossenheit«? – um wiederum auf die 90 000 Einträge von oben zurückzuführen.

Es wird also Zeit, das Problem als Ganzes zu betrachten. Politik ist zwar Bringschuld der Gewählten auf allen Ebenen. Aber ebenso sehr ist sie Holschuld eines Bürgers, den kein anderes politisches System auf der Welt mit so vielen Rechten als Souverän ausstattet wie unseres. Und diese Holschuld ist keinesfalls allein damit abgegolten, sich punktuell, isoliert über ein Thema zu informieren beziehungsweise zu erregen. So naiv es klingen mag: Politiker müssen einen Weg finden, jene dreiste Denkfaulheit und Rosinenpickerei öffentlich beim Namen zu nennen, die der grassierenden Politikverdrossenheit *auch* zugrunde liegen. Zugegeben, so offen zu werden, das ist riskant. Aber es geht. Bundestagspräsident Norbert Lammert zum Beispiel sagt mit gar nicht so leiser Ironie immerhin soviel: »Das Publikum tut sich offenbar mit frei gewählten Politikern schwerer als mit vordemokratischen Führungsfiguren.« Und der gewesene Bundespräsidenten-Kandidat Joachim Gauck sagt in anderem Zusammenhang: »Manchmal hat die Nation nicht alle Tassen im Schrank.«

Leider fällt eine solche Offenheit heute schwerer als in den vergangenen Jahrzehnten. Damals nämlich standen mindestens die beiden Volksparteien für politische Milieus, in denen Bindungen jenseits aller Kosten-Nutzen-Abwägungen den Zusammenhalt sicherten. Heute sprechen die Politologen vom »Bürger als Kunden« (Franz Walter) oder gar vom »Schnäppchenjäger« (Staatsrechtler Uwe Volkmann). Dieser sucht sich in den Regalen der politischen Angebote das gerade Passende heraus und wandert rasch ab, wenn er nichts Rechtes oder keine schnelle Bedienung findet. Auf Mahnung und Tadel der Politik reagiert einer, der sich in diesem Sinne als wählerisch versteht, aber völlig anders als einer, der sich als Teil einer traditionsreichen Familie sieht.

Trotzdem: Mich ärgert, dass sich viel zu viele Politiker wegen Nichtigkeiten an die Gurgel gehen, aber viel zu wenige Politiker die parlamentarische Demokratie gegen eine Gruppe unbürgerlicher Bürger verteidigen, die nachweislich nicht kleiner, sondern größer wird. Sie ist längst aus dem Prekariat, dem »white trash«, herausgewachsen und hat die Reihenhausvororte erreicht. Dort engagiert man sich zwar in vielerlei gemeinnützigen Projekten oder renoviert am Samstag die heruntergekommene Grundschule. Aber auf Politik und Politiker gibt kaum jemand noch einen Pfifferling; Politik scheint in diesem Milieu nur attraktiv zu sein, wenn es gegen die etablierten Parteien, gegen »Berufspolitiker« und ihre Entscheidungen geht.

Das eine hängt natürlich mit dem anderen zusammen. Aus dem Zwang zur Selbsthilfe wächst der stumme Verdruss der Mittelschicht, die nicht zu knapp Steuern zahlt und das Schulzimmer trotzdem auf eigene Kosten streichen muss, weil die Gemeinde pleite ist. Aber wahr ist auch: Wenn die viel beschworene »Bürgergesellschaft« nur noch im kleinen Sprengel existiert oder als die »Dagegen-Republik«, dann reicht es nicht für einen vitalen Staat. Eine reine Zuschauerdemokratie ist auf Dauer keine, eine »Post-Demokratie« (Colin Crouch) auch nicht. Natürlich liegt Grünen-Chef Cem Özdemir nicht falsch, wenn er sagt: »Es ist nicht immer so, dass die Mehrheiten im Parlament Recht haben und die Bürger doof sind.« Aber man darf gespannt sein, was er sagt, wenn es alsbald um Mehrheitsentscheidungen geht, die unter Grünen-Regierungsführung fallen.

Wenn trotz aller neuer Bürgerbewegtheit unter dem Strich zutrifft, dass Politikverdrossenheit und Wahlmüdigkeit die deutsche Demokratie schlimmer zermürben, als es Rechts- und Linksextremen je zuwege brächten, dann ist nicht zu verstehen, warum Politikverdrossene und Wahlmüde keinerlei Kritik fürchten müssen. Warum Politikverdrossene und Wahlmüde noch nicht einmal unter Rechtfertigungsdruck gesetzt werden, sondern bräsig ein vermeintlich demokratisches Recht reklamieren dürfen – nämlich aus freien Stücken fern oder blöd zu bleiben. Das ist in einer Demokratie zwar jedem Einzelnen selbst anheim gestellt, aber ebenso legitim ist die Frage, was denn wäre, wenn sich alle so verhielten?

Ein Hartz-IV-Empfänger muss regelmäßig Rechenschaft darüber ablegen, was er tut, um alsbald einen neuen Job zu finden. Tut er nicht genug, muss er damit rechnen, dass die ihn unterhaltende Allgemeinheit Konsequenzen zieht und stellvertretend das Arbeitsamt den Druck erhöht. Wenn es aber um Politik, um die *res publica*, geht, dann ist es genau andersherum: Da wird sich bald rechtfertigen müssen, wer Politiker *nicht* allesamt für Schweine hält und sich politisch zumindest in dem Maße selbst ertüchtigt, wie es eine plausible Wahlentscheidung und Teilhabe erfordert. Kurzum: Warum nehmen die Politiker den Fehdehandschuh nicht auf, den ihnen die vielen Faulen und Verdrossenen da hinwerfen? Warum sind die Politiker so verzagt und verzwergt? Das fragen sich inzwischen selbst die berufsmäßigen Spötter wie der

Ex-*Titanic*-Chef und »Die Partei«-Gründer Martin Sonneborn. Er sagt über einige deutsche Politiker: »Das ist ja das Furchtbare. Sie sind jederzeit bereit, sich vor der Kamera demütigen zu lassen.«

In Estland soll es in diesem Jahr (2011) erlaubt sein, bei der Parlamentswahl per SMS abzustimmen, weil der Weg zur Urne so arg weit ist. Welche Mätzchen wollen die Politiker noch mitmachen, wie weit noch dem Wähler hinterherlaufen, der selber ein paar wichtige Grenzen längst über-, besser gesagt: unterschritten hat? Aber nein, stattdessen wird der Bürger weiter und weiter gesalbt: Er allein sei der Inbegriff von Demokratie, Politiker und Parteien daneben nur ein (leider) notwendiges Übel. Das ist aus mehreren Gründen Schwachsinn. Erstens: Zu politischer Kommunikation gehören immer zwei, die beide mal Adressat und mal Absender sind. Demokratie gibt es deshalb nur zu zweit. Wähler und Gewählte sind gleich wichtig, zumal in einer repräsentativen Demokratie. Zweitens: Wenn die Gewählten ihre Wähler offiziell weiter derart verklären (müssen), insgeheim aber rundum von ihnen ernüchtert sind, dann wuchert im Graben dazwischen der Frust. Gut und schön und verdienstvoll, was der inzwischen fahnenflüchtige Bundespräsident Horst Köhler während einer seiner Reisen durch die deutsche Provinz über die Bürger einmal sagte: »Wir müssen wissen, was sie denken, was sie bewegt, was sie beschwert und zuhören.« Bemerkenswert auch, dass mit Vorliebe gewesene Politiker ausbreiten, wie »die Politik« es verlernt habe, auf die Menschen zuzugehen. Wenn es gar Friedrich Merz und Wolfgang Clement in einem gemeinsamen Buch tun, dann wird es vollends drollig: Beide hatten während ihrer aktiven Zeit viel bösen Spott über »die Leute« parat, kokettierten gern und häufig mit ihrer Verzweiflung über die unterkomplexe Begabung der Wählerschaft. Wer einmal einen Parteiabend am Stehtisch mit ihnen zugebracht hat, kennt die Sprüche. Es wurde viel gelacht.

Aber wann sagen die ersten namhaften aktiven Politiker auch einmal öffentlich, was so viele von ihnen also längst denken: Der rundum aufgeklärte, eifrig mitdenkende Normalbürger ist ein Wunschbild. Eine Theorie. Vielleicht ist der Souverän politisch sogar so nackt wie der Kaiser ohne Kleider.

So eine Ansprache wünsche ich mir. In der Folge könnte man endlich darüber reden, was auch der Bürger seiner Bürgerdemokratie dauerhaft schuldet beziehungsweise, was er so oft versäumt, ihr zu gewähren. Und was die Politik tun kann, ihn dazu zu ermahnen oder zu begeistern. Der anfangs so arg unterschätzte Bundespräsident Christian Wulff hat gleich in seiner ersten Rede einen Anfang gemacht. Er räumte ein, dass politische Entscheidungen zwar tatsächlich von immer weniger in Parteien aktiven Menschen vorbereitet und getroffen werden. Aber er machte nicht mit dem üblichen Polit-Bashing weiter, sondern drehte den Spieß um – Politiker seien viel besser als ihr Ruf: »Wir sollten weniger diese Aktiven kritisieren als vielmehr die Anderen wieder stärker für die Aufgabe (…) begeistern.« Tatsächlich: Die Erosion der gemeinsamen Geschäftsgrundlage ist kein Schicksal, das alle Beteiligten still zu erdulden haben, sondern eine Fehlfunktion des Systems, der man gegensteuern kann. »Auch wenn es vermintes Gelände ist«, wie der Bundespräsident in kleinem Kreis sagte, will er Politikern wie Bürgern »ins Gewissen reden«. Aber vor allem den Bürgern. Man muss ja nicht gleich das ganze Volk austauschen wollen, wie Bertolt Brecht einst spottete. Aber über ein paar Wahrheiten und Wahrnehmungen wird zu reden sein, weil Schweigen das Problem nicht kleiner, sondern größer macht.

Und die Gelegenheit für eine offene Aussprache ist günstig wie lange nicht. Die Bürger könnten im Verlauf der schwersten Wirtschafts- und Finanzkrise der Nachkriegszeit erkennen, dass sie eben doch nicht von einem Haufen eitler Nichtskönner regiert werden, sondern von redlich sich mühenden Sachwaltern ihrer Interessen. Die schwarz-rote wie die schwarz-gelbe Koalition haben seit Herbst 2008 mit einem Mix aus Konjunkturpaketen, Kurzarbeiterregelung und Sparer- wie Bankgarantien die Krise von den Menschen ferngehalten. Es hat bestens funktioniert, definitiv kein Grund zum Nörgeln.

Die Politiker ihrerseits könnten zweierlei erkennen: Zum einen, dass man den Deutschen in vielerlei Hinsicht weit mehr zutrauen darf als gedacht; dass sie in vielem längst anders sind als das alte Bild, welches allzu viele Politiker noch von ihnen haben. Und zum anderen sollten die Politiker gerade der Volksparteien ergründen, was der Hamburger Bürgerprotest gegen schwarz-grüne Schulpolitik oder der Widerstand gegen das gesetzgeberisch breit abgesicherte Großvorhaben »Stuttgart 21« wirklich bedeutet. Ist es nur ein Strohfeuer von Bürgerzorn, das in den saturierten Zonen der Gesellschaft aufflackert – und genauso schnell auch wieder ausbrennt? Oder ist es der Beginn einer neuen Politikform, die etablierte Parteien fröhlich und fruchtbringend herausfordert, und zwar auf Dauer.

In beiden Fällen gilt: Es ist Politik reloaded, endlich. Warum soll damit nicht auch ein neuer Blick der Bürger auf die Politiker und der Politiker auf die Bürger einhergehen?

Kurzum: Raus mit der Sprache, auf geht's!

Nachwort und Dank

Das Motiv für dieses Buch ist und bleibt ein journalistisches: die ewig alte, ewig neue Frage nach dem Wie und Warum von Politik. Erst recht ist sie zu stellen, wenn sich politische Ereignisse und Eindrücke überdurchschnittlich stark verdichten wie in Wahl- oder Krisenjahren. Die Zeit zwischen Herbst 2008 und Frühjahr 2011 war beides, Wahlmarathon und Krisenstakkato. Nicht der schlechteste Moment also, die eine große Frage zu stellen, die mich umtreibt, seit ich politischen Journalismus betreibe: Was lässt die Politiker die Politik machen, die sie machen? Programm? Persönlichkeit? Nur die Umstände und vielfältigen Sachzwänge? Oder eben ganz maßgeblich auch jenes Bild vom Bürger, an dem sich die Politiker ausrichten. Und: Welche der vielen Facetten dieses Bildes entsprechen (noch) der Wirklichkeit, oder wo sind »die Menschen draußen im Land« ganz anders, als die meisten Politiker meinen?

Eingegangen in meine ganz persönlichen Antworten auf diese Fragen sind viele Gespräche mit Politikern oder unter Politikern, wobei sich deren Ansichten überraschend wenig nach Parteifarben unterschieden. Politikermeinungen über »die Bürger« und deren Wesen lassen sich mit ein bisschen Mut zur plausiblen Vereinfachung durchaus pauschal fassen. Eine Differenzierung nach Parteifarben wäre entlang bestimmter Details zwar möglich, erschien für die Zwecke dieses Buches aber nicht notwendig.

Manches Wort über »die Menschen« oder »die Deutschen«, das hier Eingang fand, ist in halb- oder nichtöffentlichen Gesprächen gefallen. Die entsprechenden Zitate sind in der Regel anonymisiert, aber doch so zugeordnet, dass ihre Authentizität offenkundig wird. Es geht in diesem Buch gleichwohl nicht darum, einzelne Politiker mit einzelnen Äußerungen »vorzuführen«. Es geht darum, dem Denken auf den Grund zu gehen, das Politik in Deutschland prägt. Dieses Buch ist keines *gegen* Politiker, sondern eines *über* Politiker.

Dank geht zuerst also pauschal, aber herzlich an die zahlreichen Gesprächspartner aus Politik und Journalismus. Dank für Rat und Tat und Unterstützung geht zudem an Kai Diekmann. An Peter Dausend, Sebastian Fischer-Jung (Polithek), Mariam Lau, Eckardt Lohse, Dietrich Menkens, Christoph Schwennicke.

Und vor allem an Karola, Julius, Titus und Kiara, denen dieses Buch in großer Liebe gewidmet sein soll.